헌법기초자
현민 유진오 평전

헌법기초자

현민 유진오 평전

1판 1쇄 펴낸날 2018년 7월 17일

지은이 김삼웅

펴낸이 서채윤 펴낸곳 채륜
책만듦이 김미정 책꾸밈이 이한희

등록 2007년 6월 25일(제2009-11호)
주소 서울시 광진구 자양로 214, 2층(구의동)
대표전화 02-465-4650 팩스 02-6080-0707
E-mail book@chaeryun.com Homepage www.chaeryun.com

책값은 뒤표지에 있습니다.
ISBN 979-11-86096-78-9 03910

이 도서의 국립중앙도서관 출판예정도서목록(CIP)은 서지정보유통지원시스템 홈페이지(http://seoji.
nl.go.kr)와 국가자료공동목록시스템(http://www.nl.go.kr/kolisnet)에서 이용하실 수 있습니다.
(CIP제어번호 : CIP2018018154)

채륜서(인문), 앤길(사회), 띠움(예술)은 채륜(학술)에 뿌리를 두고 자란 가지입니다.
물과 햇빛이 되어주시면 편하게 쉴 수 있는 그늘을 만들어 드리겠습니다.

현민 유진오

김삼웅

평전

헌법 기초자

채륜

유진오, 그는 누구인가?

헌법 초안 만든 전천후 지식인

전천후全天候라는 용어를 사전에서는 "어떠한 기상 상태나 시계視界하에서도 사용(활동)할 수 있고 비행할 수 있는 것"이라 풀이한다. 긍정적인 의미로 쓰인다. 그런데 인물에 대입하면 긍정적일까 부정적일까, 또 지식인의 경우에는 어떨까.

현민玄民 유진오兪鎭午(1906~1987)의 생애를 살펴보면서 떠오른 이미지는 '전천후 지식인'이었다. 그는 시대의 고비에서 여러 차례 굴절된 삶을 살았다.

국민 대다수는 유진오를 대한민국 제헌헌법의 기초자로 알고 있다. 이 부분은 유진오의 큰 업적이다. 해방 후 황무지와 같았던 우리 공법학계에서 유진오와 같은 빼어난 헌법학자가 있었기에 그나마 대한민국 정부수립의 골격이 되는 헌법과 정부조고, 또 노력도 하지 않느냐?

-플라톤 〈소크라테스의 변명〉 중

'너는 왜 너 자신인 영혼을 개선하는 데는 조금도 관심이 없고, 또 노력도 하지 않느냐?'는 대목을 읽으며 한 대 맞은 느낌이었습니다. 얄팍한 자기계발 따위에나 관심을 두었지 나의 내면, 나의 지성, 나의 양심, 나의 영혼에 대해서는 관심이 없었거든요. '영혼'과 '개선'이라는 단어가 함께 써 있는 모습이 감탄스럽기까지 했습니다.

소크라테스의 다그침은 스스로 공부하고 고민하는 힘을 키우지 않는 오늘날의 청소년들, 남이 이룬 성공만을 부러워하며 나의 일상에 집중하지 못하는 어른들에게 큰 교훈을 줍니다. 일이 년만 지나도 구닥다리가 되는 현대에 수천, 수백 년 전의 문장이 의미를 갖는다니 참으로 절묘한 일이죠. 기술과 창의성 모두에서 최첨단의 끝을 달렸던 스티브 잡스(애플사 창업자)가 했던 말도 그 옛날 소크라테스가 했던 말과 다르지 않습니다.

☺ 남의 인생을 살거나 다른 사람이 생각한 결과에 맞춰 사는 함정에 빠지지 말라.
중요한 것은 용기 있게 마음과 직관을 따르는 것이다.

용기. 스스로의 생각에 집중하고 자기주도학습을 이끌어 갈 수 있으려면 용기가 필요합니다. 고민 학생이 불안감에서 헤어나오지 못하는 이유도 내면의 힘이 부족하기 때문입니다. 학원 때문에 스스로 공부할 시간이 부족하다는 판단을 했으면서도 원어민 선생님과의 회화 수업이나 시험 대비에 대한 미련 때문에 학원을 그만두지 못하고 있습니다. 이제 고등학생이 될 마당에 절대적으로 필요한 건 스스로 공부하는 시간이죠. 원어민 선생님과 하는 회화 수업은 멋있어 보이기는 하지만 수능이 요구하는 것은 독해력입니다. 시험공부도 혼자 하는 게 효율적이지요. 늘 학원에서 시험 대비를 했으니 혼자 하는 것이 엄두가 나지 않을 뿐 사실 학원에서 해주는 거라곤 문제지 복사해 주고 풀게 하는 것밖에 없습니다. 그 정도는 혼자서도 할 수 있지 않나요? 학교에서 보는 교과서와 프린트, 보충교재를 외우도록 들춰보면 그만입니다.

　내가 주인이 되어 내 공부를 하려면, 더 나아가 내 삶을 살아가려면 이 우주에 '나'라는 사람이 나 하나라는 것을 상기해야 합니다. 내 문제를 해결할 사람은 나뿐인 거죠. 나를 가장 잘 아는 사람도 나고, 매 순간 주어지는 선택의 갈림길에서 가장 정확한 판단을 할 사람도 나입니다. 부처 탄생 설화에 나오는 '천상천하 유아독존天上天下 唯我獨尊'이라는 말도 그런 의미입니다. 하늘 위 하늘 아래 오직 나만이 존엄하다. 즉 모든 사람은 고유한 인격체로서 각자의 의지대로 살 수 있는 존귀한 존재라는 뜻입니다.

　학원에서 나눠주는 세련된 프린트물 대신 교과서를 달달 외우는 공부 방법이 무식해 보이나요? 내 의지대로 살아가려면 하늘 위 하늘 아래 오직 나만 살아가는 사람처럼 내 길을 가야 합니다. 그래서 부처는 가르침을 구하는 제자들에게 '자신을 등불로 삼고 자신을 의지하라'고 했지요. 외롭고 고독해 보이지만 자유롭고 행복한 길이기도 합니다.

> 😐 숲속에서 묶여 있지 않은 사슴이
> 먹이를 찾아 여기저기 다니듯이
> 지혜로운 이는 독립과 자유를 찾아
> 무소의 뿔처럼 혼자서 가라.
> 소리에 놀라지 않는 사자와 같이,
> 그물에 걸리지 않는 바람과 같이,
> 흙탕물에 더럽혀지지 않는 연꽃과 같이
> 무소의 뿔처럼 혼자서 가라.
>
> ─〈숫타니파타〉 중에서

고민 학생을 비롯한 모든 청소년들이 부디 자신 안에서 답을 찾기를 바랍니다. 소크라테스나 부처가 했던 말들은 거대한 깨달음을 위한 공부뿐 아니라 당장 여러분 앞에 놓인 시험공부와 문제집 선택에도 적용됩니다.

스스로 답을 찾고 꿋꿋한 마음으로 그대로 실천하기를 소망합니다. 의지는 남들의 말에 현혹되거나 욕심을 좇을 때 약해지는 법. 자기주도학습을 실천하며 자기주도인생의 훈련을 하기 바랍니다. 그래서 소크라테스, 스티브 잡스, 부처 그외 시공간을 초월해 많은 사람들이 깨달았던 삶의 비밀을 여러분도 누려 보세요.

토막 독후감

'천상천하 유아독존' '무소의 뿔처럼 혼자서 가라'는 구절이 부처와 관련된 말이라는 걸 이 책을 읽으며 처음 알았다. 공자, 맹자에서 소크라테스, 아리스토텔레스에 이르기까지 '어디서 많이 듣긴 했는데 여기서 나온 말이었구나' 하며 지식의 폭을 넓혀 주는(동시에 나의 무식을 다시 한 번 깨닫게 해주는) 책이다.

《고1 책상 위에 동양 고전》,《고1 책상 위에 서양 고전》두 권이 세트로 구성되어 있다. 한 권만 읽어도 좋지만 두 권 모두 읽으려면 동양 고전을 먼저 읽는 게 좋다. 저자도 동양 고전을 먼저 쓴 터라 서양 고전에서 동양 고전의 내용을 접목하여 설명하기 때문이다. 동서양의 철학자들이 결국 같은 진리를 깨달았다는 것이 신기하다.

책 속의 한 문장

하늘이 장차 어떤 사람에게 큰일을 맡기려 할 때는 반드시 먼저 그 마음을 괴롭히고, 그 근골을 지치게 하고, 그 육체를 굶주리게 하고, 그 생활을 곤궁하게 해서 행하는 일이 뜻과 같지 않게 한다.

이것은 그들의 마음을 움직여서 그 성질을 참게 하여 일찍이 할 수 없었던 일을 할 수 있도록 만들기 위해서이다.

— 맹자

매일 2~3시간
스스로 하는 공부를 실천하자

자기주도학습은 입시를 위해 가장 효과적인 방법이다. 입시에서 성공한, 즉 좋은 대학교에 합격한 학생들의 공통점은 단 하나, 매일 스스로 공부하는 시간을 가졌다는 것이다. 몇 시간을 공부했느냐는 질문에 3시간이라는 답이 가장 많았다.
중학생은 2시간 이상 고등학생은 3시간 이상 매일 스스로 공부하기를 실천해 보자.

- 스스로 공부하는 시간에 학원 수업, 인터넷 강의, 숙제는 포함되지 않는다.

- 예 · 복습, 취약 부분 보완 등 나에게 필요한 공부를 한다.

- 방과 후 저녁식사 전 1시간, 저녁 식사 후 1~2시간이 좋다.

- 주말이나 공휴일에도 평일과 비슷한 시간에 매일 공부를 지킨다.

- 처음부터 2~3시간은 어렵다. 매일 30분, 1시간부터 시작해 점차 늘려 나가자.

내 안의
꼬마아이

완전한 자기긍정 타인긍정_

에이미 해리스·토머스 해리스

화장실 가고 싶다는 말을 하지 못해 옷에 쉬를 해버린 초등학생, 아이 얼굴에 코딱지가 붙었다며 깔깔 웃는 어른들, 돈이 부족해 살 수 없으니 돌아가라는 문구점 아저씨의 거절. 아이들이 자라나는 과정은 창피당하는 일의 연속입니다. 신 나고 행복한 일도 많았을 텐데 부정적인 경험은 더욱 강렬하게 기억에 남는 법이죠.

> 😊 어릴 때 창피당하고 비난받았던 경험들은 현재 우리가 경험하는 어떤 경험보다도 나쁘다.

여러분들 마음속에도 생생하게 기억나는 몇몇 사건들이 있을 겁니다. 친구들 앞에서 야단을 맞으며 느꼈던 수치심, 촌스러운 이름 때문에 놀림을 받았던 기억, 길을 잃은 줄 알고 엉엉 울다가 안기게 된 엄마 품. 이러한 기억은 세월이 아무리 흘러도 흐려지지 않습니다. 성인이 된 후에도 생생하게 되살아나 비슷한 감정에 부딪히면 그때의 꼬마아이로 되돌아가 버리는 것이죠. 여러분 속에 살고 있는 꼬마아이, 이것을 아이자아라 합니다.

☺ 아이자아는 초기 5년 동안 외부 사건에 대한 반응을 내면적인 사건으로 영구 기록한 것이다. 가장 강력한 내면 사건들은 감정들이다. 이러한 감정들은 현재에서 빈번히 재생되는데, 코너에 몰리거나, 의존적이거나, 부당한 비판에 직면했을 때, 일에 서투를 때, 상황을 잘 모를 때 등, 어린 꼬마 때 겪었던 유사한 상황에 놓이게 되었을 때 그렇다.

앞에 든 예들은 모두 실제입니다. 초등학교 시절 음악 시간에 트라이앵글을 가져오지 않았다고 야단을 맞았던 직장인 남성은 지금까지 음악을 좋아하지 않습니다. 회식 자리에서 누가 노래를 시키면 할 줄 아는 노래가 아무것도 없어 애국가를 부르거나 산토끼를 부를 정도입니다. 어린 시절 촌스러운 이름 때문에 놀림받던 여성은 자신의 이름을 사랑할 수 없었습니다. 통장을 만들고 이력서를 쓰는 등 이름을 써야 하는 모든 순간이 고통스러웠죠. 놀림 받고 도망 다니던 기억은 결혼을 하고 자녀를 키우는 긴 시간 속에서도 흐려지지 않았습니다. 엄마를 잃어버리고 울며 돌아다니는 아이의 심정은 얼마나 공포스러웠을까요. 우주가 없어져 버린 듯한 무서움 속에서 엄마를 발견했을 때, 넘어지듯 달려와 엄마 품에 안겼을 때의 서러움은 언어로 표현할 수 있는 게 아닙니다. 이 기억을 간직하고 있는 30대 남성은 TV에서 아이들이 우는 모습을 보면 눈물이 납니다. 연애를 하면서도 비슷한 감정을 느꼈는데, 오래 사귀던 여자친구가 떠났을 때 엄마 잃은 아이처럼 엉엉 울었다고 합니다.

여러분 속에는 어떤 꼬마아이가 있나요? 세상 일에 서툰 꼬마아이는 야무지고 똘똘한 우리를 바보로 만들어 버리기도 합니다.

☺ 우리가 아이자아 상태에 있을 때 우리는 어린아이였을 때처럼 행동하고 보여진다. 아이자아는 공포를 느끼고 겁을 내거나 이기적이 되는 등 우리 성격의 일부분이 되어 문제를 일으킬 수도 있다.

이 부분을 읽으며 '그래, 그때 그래서 그랬었구나' 하며 떠오르는 사건이 있었습니다. 어느 순간 내 안의 꼬마아이가 튀어나와 말투도 표정도 아이처럼 되어 버렸던 일이 있거든요.

책을 내고 강의를 하러 다닌 지 얼마 되지 않았던 때의 일입니다. 초등학생들에게 노트 작성법을 설명하는 수업이었지요. 오답노트에 대한 이야기 중 이런 내용이 있었습니다.

"어떤 학생은 오답노트를 '노가다'라고 해요. 틀린 문제를 다시 써야 하니까 의미 없고 귀찮은 일이라는 거죠."

'노가다'라는 단어는 오답노트를 형식적인 숙제로만 여기는 잘못이라는 뜻으로 강의 중에 몇 번 반복되었습니다.

"이중에도 혹시 오답노트를 '노가다'라고 생각하는 학생이 있다면 지금까지 오답노트를 잘못 한 것입니다."

"오답노트에 내 생각이 담긴다면 절대 '노가다'가 될 수 없지요."

강의가 끝난 후 오륙학년쯤 되어 보이는 남자아이가 다소곳하게 저에게 다가왔습니다. 무슨 질문 거리가 있나 보다 했죠. 그런데 그 아이의 입에서 나온 말은 놀랍게도 저의 잘못을 지적하는 말이었습니다.

"선생님, 좋은 강의 잘 들었습니다. 그런데요. 강의 중에 '노가다'라는 말이 나왔는데 그건 표준어가 아니잖아요. '막노동'으로 바꿔 주시면 좋겠습니다."

초등학생의 입에서 나온 말이라고는 믿기지 않을 정도로 정중하고 예의바르며 정확했습니다. 순간 저는 멘붕에 빠졌지요. 노트법 책을 쓴 선생님은 온데간데없어지고 내 안에 숨어 있던 아이자아가 당황한 채 튀어나왔습니다.

"그건 제가 한 말이 아니에요. 어떤 학생이 그렇게 말한 걸 그대로 인용한 것뿐이에요."

선생님께 혼나는 아이처럼 '내가 그런 게 아니에요. 쟤가 그랬어요'

라고 허둥대듯 둘러대기 바빴습니다. 말투도 표정도 강의할 때와 달라지는 걸 느꼈지요. 감정이 그대로 드러난 부끄러운 모습이었습니다. 아이는 다시 정중하게 "네 감사합니다" 하고 꾸벅 인사를 하고는 물러났습니다. 아이와 어른이 뒤바뀐 순간이었지요.

한동안 그 일을 잊을 수 없었습니다. 문득 그 일이 떠오를 때마다 화끈거리며 부끄러웠습니다. "아, 그렇군요. 알려줘서 고마워요. 다음부터는 표준어도 함께 알려주도록 할게요"라고 대답했다면 얼마나 좋았을까요. 그 아이에게 핑계대는 선생님 대신 잘못을 인정하고 고마워하는 선생님의 모습을 보여줄 수 있었다면 얼마나 좋았을까요.

산더미 같은 시험 범위를 두고 '에라 모르겠다' 그냥 자 버린 적이 있나요? 기분 상하는 말 한마디에 나도 놀랄 만큼 버럭 소리를 지른 적은요? 밖에서는 다 큰 학생이지만 집에서는 혀 짧은 소리를 내며 어린 시절 말투를 그대로 쓰지는 않나요? 모두 아이자아의 증거들입니다. 누구에게나 어린 시절이 있고, 그 시절의 어린 자아는 누구에게나 남아 있습니다. 내 안의 꼬마아이와 악수를 나누세요. 우리의 할 일은 그 아이의 순수함을 사랑하며 부끄러움을 가려 주고 샘솟는 생기를 누리며 사는 것입니다.

☺ 우리는 과거의 기억을 지울 수는 없지만 지금 우리를 압도할 수 있는 상황을 피할 수는 있다. 우리는 더 이상 잔인한 놀림과 무시에

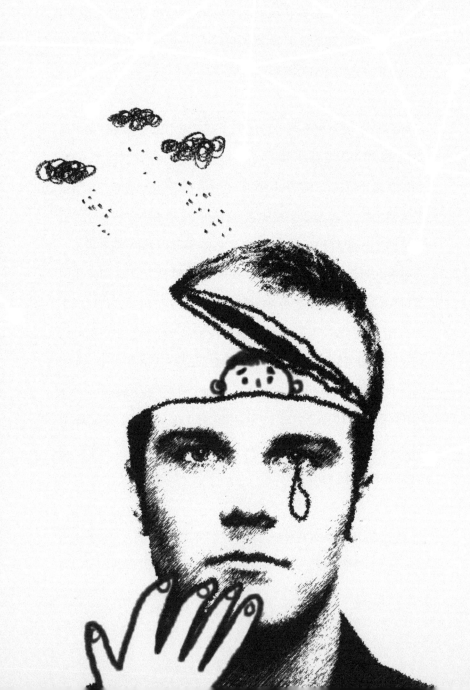

무력한 어린 소년 소녀가 아니다. 우리는 스스로를 보호할 수 있다.

노가다 사건 이후에는 강의 내용을 지적하는 분들을 만나도 아이자
아가 튀어나오지 않습니다. "네 감사합니다. 바로 알려 주셔서 감사합
니다"라고 여유있게 답하지요. 내 안의 꼬마아이에게 '괜찮아. 누구나
실수할 수 있어. 강의를 하다 보면 별별 일을 다 겪겠지. 다음부터는 노
련하게 그런 상황을 넘어갈 수 있을 거야'라고 토닥여 주었습니다.

앞에서 촌스러운 이름 때문에 놀림받던 아이 이야기를 했었죠? 그
여성은 결국 나이 50이 넘어서 개명 신청을 했습니다. 주민등록에 있
는 이름을 바꾸어 반평생의 짓눌림을 벗어 버린 거죠. 새로운 이름을
사람들에게 알리고 예쁜 이름으로 자신을 부르며 마음속 꼬마의 눈
물을 닦아 주었습니다.

여러분 속의 아이자아는 어떤 모습인가요? 언제 혼날지 몰라 벌벌
떨고 있나요? 사람들이 싫어서 문을 잠그고 웅크리고 있나요? 어두
운 기억도 있겠지만 분명 어느 한쪽에는 장난기 가득한 미소가 숨어
있을 것입니다. 공원 분수대에서 치솟는 물을 맞으며 뛰어다니던 꼬
마도 있을 테고요. 어느 쪽 아이를 토닥여 일으킬지는 여러분의 선택
입니다.

아이자아는 좋은 감정을 만들고 꿈을 꾸며 상상력을 가동시키는
에너지의 근원입니다. 맛있는 음식 앞에서 박수치며 즐거워하고 장

난감 자동차를 모으며 내 안의 꼬마를 누리세요. 어린 시절 그랬듯 손 꼽아 하루하루를 살며 매 순간을 열정적으로 살아간다면 여러분의 인생은 분명 풍요롭고 성공적일 것입니다.

토막 독후감

믿을 만한 분이 선물해 준 책이라 꼭 읽어야지 벼르던 책이다. 내 안의 아이 자아뿐 아니라 타인의 아이자아, 어른자아, 부모자아까지 분석하며 정교한 설명이 가득한 책. 책 속의 사례가 나의 사례와 겹쳐서 떠올랐고 그래서 한참 생각에 빠졌다 다시 읽기를 반복했다. 쉽게 이해되지 않아 그냥 넘어간 부분 도 적지 않았다.
나를 이해하고 남을 이해하기에 도움이 되는 책. 어린 시절의 나를 사랑하고 지금의 나에게 충실해야 한다는 진리를 다시 한 번 일깨워 주는 책이다.

책 속의 한 문장

만일 아름다운 인생을 살고 싶으면, 먼저 아름다운 하루를 사는 것부터 시작해야 한다. 아름다운 날들을 살기 위해서는, 아름다운 사물들과 사건들에 대해 또한 생각해야 한다. 이러한 사물들과 사건들이 바보처럼 보일지라도.

직법을 기초할 수 있었다. 그때 그의 나이 40세였다.

그는 국민주권사상의 원칙에서 군주주권이나 국가주권을 배제하고 권력분립과 더불어 자유민주주의와 사회민주주의의 조화를 이루는, 대단히 선진적이고 진보적인 헌법안을 기초하였다.

그는 1919년에 독일 바이마르 헌법에서 처음으로 도입되었던 기본권을 보장하면서 모든 국민이 인간다운 삶을 향유할 수 있는, 자유적 기본권과 사회적 기본권의 포괄적 보장을 헌법 초안에 명시하였다. 다른 나라의 헌법에서 유례가 드문 전문前文을 설치하면서 새로운 정부수립의 역사적, 민족사적 의의와 정신을 천명하였다. 이와 같은 역할이 모두 유진오 개인의 공적일 수는 없을 것이다. 하지만 그가 아니었으면 과연 제헌헌법(안)에 그토록 훌륭한 내용을 담을 수 있었을 것인가는 의문이 따른다.

오늘의 50~60대 이상의 세대는, 유진오를 박정희의 3선개헌을 앞장서서 반대투쟁했던 신민당 총재로 기억하는 사람이 많을 것이다. 그는 1969년 박정희가 자신의 장기집권을 노리고 3선개헌을 강행할 때 야당과 재야·학생들의 선두에서 반대투쟁을 전개하다 건강을 해치고 결국 정계를 은퇴하였다.

대학인들에게 유진오는 고려대학교 교수를 거쳐 총장을 지낸 학자로 남을 것이다. 일제강점기 보성전문학교 교수를 시작으로 해방 후 고려대학교 교수, 정법대학장, 대학원장, 전시연합대학총장, 고려대학교 총장 등을 지냈다.

문인들에게는 「창랑정기」, 「김강사와 T교수」, 「산울림」 등의 작가로서, 그리고 작품 중에는 친일로 분류되는 상당수가 있는 문인으로 기억될 것이다. 일제강점기 한때 좌익단체인 조선사회사정연구소를 설립하여 활동하다 강제해산당하기도 했던 좌파문인이었다.

관료들에게는 또 다른 이미지로 떠오를지 모른다. 법제처장, 중앙선거관리위원회 위원, 한일회담 수석대표, 국가재건국민운동본부장 등을 역임했기 때문이다.

유진오의 81년 일생에서 가장 부끄러운 시기는 일제강점기다. 국민총력조선연맹산하 문화위원, 조선문인보국회 상임간사, 대동아문학자대회 참석, 경성척식경제전문학교 척식과 과장 등 친일단체의 간부직을 지냈다.

해방 후 한국민주당(한민당) 발기인으로 일찍부터 정계와 연을 맺은 그는 이승만 추종단체 독립촉성국민회에도 관여하고, 박정희가 5·16군사쿠데타를 일으켰을 때 국가재건최고회의 산하 국가재건국민운동 본부장을 맡았던 그는 5년 후 야당인 민중당 대통령 후보로 지명되고 신민당 총재와 비례대표로 국회의원이 되었다. 신민당 고문에 이어 유신쿠데타에 도전하여 민주회복운동이 전개되자 함석헌·윤보선 등과 민주회복국민선언대회에 참여하는 등 재야의 원로로 활동한다.

전두환 신군부세력이 집권하면서 국토통일원고문, 국정자문위원 등을 맡아 또 한 번 '전천후성'을 보여주었다. 정치사회적 격동기에 머리 좋은 다수의 지식인들처럼 그도 그때그때 시류

에 따라 처신하는 부박한 삶을 살았다. 1924년에 실시된 제1
회 대학 예과입학 모의시험에서 조선인과 일본인 모두 통틀어
전체 수석, 경성제국대학 제1회 입학시험에서도 수석을 차지할
만큼 우수한 자질과 영민함을 갖고 있었다.

대학 시절 그 역시 당시의 젊은이들처럼 한때 마르크시즘에
심취하여 사회주의성향인 이강국·최용달·박문규 등과 '절친'관
계였으며 해방 후 남북으로 갈라졌다. 최용달은 월북하여 북한
인민위원회 사법위원장이 되고 유진오는 미군정청 과도정부 사
법부 법전기초위원회위원과 5·10총선 후 헌법 및 정부조직법
기초위원회 전문위원으로 대한민국 헌법과 정부조직법을 기초
하였다. 그리고 법제처장을 맡았다. 유진오의 절친이었던 이강
국은 평양에서 남로당의 핵심이 되고, 박문규는 북한정부 초대
농업상을 지냈다.

이들과 경성제국대학의 선후배 관계였던 유진오는 남한의 민
주주의 헌법을 기초하고, 최용달은 북한에서 사회주의 헌법을
기초하는 '남과 북을 만드는 라이벌'이 되었다. 역사의 아이러
니라고 해야 할지, 한민족 현대사의 비극이라 해야 할지 기구한
인연이고 운명이었다.

유진오는 '질풍과 노도'의 시대에 늘 현실주의를 택하였다. 그
래서 영욕이 따랐고, 많은 일을 하였으며, 공과도 쌓였다. 『친
일인명사전』에서는 '친일파'로 규정하고, 친일문학 연구자들은
'친일문인'으로 낙인한다.

유진오는 뒷날 회고록 『양호기養虎記』에서 조선조 인평대군

이요李溶의 시조를 인용하면서 "죄는 본래 안 되는 일을 하려는데 있었다 하겠지만, 안 되는 일인 줄 알면서도 안 할 수 없었던데야 어찌하랴"라는 알쏭달쏭한 자기변명의 문장을 남겼다.

바람에 휘었노라 굽은 솔 웃지 마라
춘풍에 피온 꽃은 매양에 고왔으랴
풍표표風飄飄 설분분雪粉粉할제 네야 나를 부르리라.

지식인의 처신에 정형定型은 없다. 권력을 좇는 정치참여파도 있고, 고고지순한 학구파도 있다. 배운 학문과 능력을 국가사회 발전에 기여해야 한다는 주장과, 정치는 정치인들에게 맡기고 학자는 학문과 후진 교육에 전념해야 한다는 논리는 영원한 평행선을 이룬다. 다만 기준이 된다면, 그 권력(정권·왕조)에 정통성이 있느냐의 여부일 것이다.(공자)

나는 『유진오 평전』을 준비하면서 여러 날 동안 고심을 거듭하였다. '친일문인'으로 낙인된 사람을 굳이 평전 인물로 쓸 대상이냐는 원초적인 의문이었다. 반문이 따랐다. 그럼에도 불구하고 대한민국의 기본법인 헌법 초안을 만든 인물이다. 그가 작성한 초안은 대부분 국회에서 그대로 통과되었다. 가히 '유진오 헌법'이라 해도 될 정도이다.

다시 개헌론이 제기되고 어쩌면 2018년 후반기에는 제10차 개헌이 가능할지도 모를 시점이어서 제헌국회의 헌법제정과정과 우리 헌법의 실체를 살펴보는 것도 중요하다고 판단하였다.

그의 친일행위와 권력지향성의 처신은 '반면교사'로, 헌법 초안과 3선개헌 반대투쟁은 '정면교사'로서의 의미가 있겠다고 판단하였다. 나는 이미 『독부 이승만 평전』과 『안두희, 그 죄를 어찌할까』를 쓴 바도 있다.

일제에 부역한 인물 중에서 유진오만큼 대한민국 발전에 기여한 사람도 흔치 않을까 싶다. 하여 그의 과過와 공功을 공정하게 기록하여 역사의 법정에 한 사료로서 삼고자 한다.

현민과의 '작은 인연'

현민 유진오는 동시대인 누구보다 무탄한 삶을 살았다. 부유하지는 않지만 일찍 개명한 가정에서 우수한 두뇌를 갖고 태어나 당시 부르주아 청년들의 꿈이었던 경성제국대학을 다니고 고통과 죽음의 길이던 징병도 면할 수 있었다. 넘치는 문학적 재능으로 소설을 쓰고, 일제에 협력하면서 암흑과 질곡의 시대에 안일한 청년기를 보내었다.

해방 후에도 능력이 평가되어 순탄한 대로를 활개치고, 헌법 제정 과정에서는 빼어난 실력으로 제헌헌법과 정부조직법을 기초하여 명예와 성원을 한 몸에 받았다. 그리고 고려대학교 교수와 총장 등을 역임하여 정치격동기의 파고를 피할 수 있었으며, 6·25전쟁도 그를 피해갔다.

5·16쿠데타가 일어났을 때는 박정희에게 발탁되어 민간인 신분으로서는 최고위직인 국가재건국민운동 본부장을 지내고 야당 대통령 후보, 제1야당 총재와 국회의원 등을 역임할 정도로

출세의 길을 걸었다. 동시대의 개인 누구보다 기름진 생애를 보내었다.

개인적인 불행이라면 세 차례 부인과 사별하고 재혼생활을 하는 아픔을 겪었다는 점일 것이다. 그러나 문학인, 법학자, 관리, 대학인, 교육자, 정치인, 저술가의 분야에서 그는 모두 일가를 이루고 더러는 명성과 권위를 얻었으며, 역사의 한 자락에 남는 삶을 살았다.

일제강점기 한때 사회주의계열의 친구들과 마르크스주의에 경도되기도 했으나 곧 손을 떼고, 문학에서는 부분적이지만 민족주의 성향을 보이기도 했으나 천황주의 노선으로 돌아섰다. 미군정기, 이승만 시대, 박정희 시대, 전두환 시대를 거치면서 그의 행보는 대세영합, 권력지향, 출세주의의 성향을 보였으며, 그런 와중에도 극단성을 피해가는 처세술을 보였다.

예컨대 일제강점기 창씨개명을 하지 않았고, 해방 후에는 독재자들과 맞붙는 저항자가 되지 않았다. 따라서 그의 일생은 치열함보다는 순응적 처신으로써 생존을 보장받고, 그 틀 안에서 주어진 역할에 충실했다. "명민함이 지극함을 따르지 못"하였다.

나는 젊은 시절 유진오의 대표소설로 알려진 「김강사와 T교수」와 「창랑정기」 등이 민족주의 계열 작품인 줄 알고 탐독하였다. 또 30대 초반 박정희의 폭압으로 제도언론이 제 기능을 하지 못할 때 대안언론으로 그가 창간한 『민주전선民主前線』의 기자로서 박정희 정권과 10여 년 싸웠다. 그리고 노무현 정부에서 설치한 '친일반민족행위 진상규명위원회' 위원으로서 유진오를 포함한 1,005명의 친일반민족행위자들의 행적을 찾아내는 데 참여한 적이 있다.

여기서 단언하건대, 나는 이제까지 사적 인연이나 연고로 인해 인물평전의 집필에서 어떠한 영향도 주지 않았다. 나름의 원칙인 시비곡직을 가리면서 사실은 분명하게, 평가는 공정하게 쓰고자 해 왔다.

일제강점기 '식민지 조선'의 질곡상태이기도 했지만 아까운 인물이 너무 많았다. 최남선과 이광수를 비롯, 천재성 문인들이 지절을 지켰으면 우리의 민족문학사는 훨씬 풍요로웠을 것이다. 그중에는 유진오도 포함된다. 친일반민족행위 진상규명위원회에서 활동할 때 보수계열의 교수들이 강변했던 말이 떠오른다. "당시의 혹독했던 시대상황을 무시하고 오늘의 잣대로 선각자들을 욕되게 해서는 안 된다"는 주장이었다.

그때마다 반박했다. "그런 시대상황에서도 민족적 지절을 지켜낸 문인들이 있었고, 일본군을 탈출하여 광복군에 가담한 학병출신들도 있었다"라고. '상황론'을 전개하면 세상에서 진위眞僞와 선악善惡을 판별하기가 쉽지 않다. 더욱이 지식인의 경우 어려운 상황(처지)에서도 참과 정의, 민족과 국민의 편에 서야 한다. 필부초동과 지식인의 처신이 달라야 하는 이유이기도 하다.

1969년 박정희의 3선개헌 강행 때 신민당 총재 유진오의 활동은 훌륭했다. '문약'했던 지식인의 어디에서 저런 강기와 결기가 나오는지 외경의 눈으로 바라봤다. 그리고 전두환 5공시대 국정자문위원으로 위촉되고, 얼마 후 별세하여 모교인 고려대학교 강당에 '현민의 빈소'가 차려지고 고대생 200여 명이 "국정자문위원의 빈소를 민족의 대학 고려대학에 설치할 수 없다"고 쓴 피켓을 들고 연좌농성에 들어가고, 일부 교수들이 이를 지지하는 성명을 발표하는 등 이른바 '유진오 빈소시위 사건'을 현지 취재하면서 새삼 지식인의 행적을 되돌아 본 적이 있다.

유진오는 「김강사와 T교수」의 작중 인물을 통해 당대 지식인의 숙명적인 위험성을 토로한다. 어느 측면 자신의 속내를 내보이는 듯하다.

지식계급이란 것은 이 사회에서는 이중 삼중 사중, 아니 칠중 팔중 구중의 중첩된 인격을 갖도록 강제하는 것이다. 어떤 자는 그 수많은 인격 중에서 자기의 정말 인격을 명확하게 겪고 있다. 그러나 어떤 자는 자기 자신의 그 수많은 인격에 현황해 끝끝내는 어떤 것이 정말 자기의 인격인지도 모르게 되는 것이다.[2]

스티브 풀러는 『지식인』이라는 책에서 지식인과 학자를 구별하는 방법을 아주 간명하게 풀이했다.

대학은 포도원이고 학자들은 와인 생산자, 지식인들은 와인

감식가이다. 와인 생산자의 존재 이유가 팔리는 와인을 생산하는 데 있다면 감식가의 존재 이유는 어떤 음식에는 어떤 와인을 마시는 게 좋을지를 알려주는 데 있다.

긴 세월 한국에서는 와인생산자와 와인감식가가 겸직하면서 역사가 뒤틀리고 적폐가 쌓였다. '지식인 유진오'의 평전을 쓰는 이유의 하나이다.

··· 차례 ···

1장

출생과
가계

법률가 출신의 아들로 태어나

유진오는 을사늑약 이듬해인 1906년 5월 13일 한성부(서울)
가회방 재동계 맹현동 12통 12호에서 아버지 유치형俞致衡과
어머니 밀양박씨 사이에서 장남으로 태어났다. 가계의 명사 중
에는 개화파의 거두 유길준이 있었다. 유진오의 회고에 따르면
자신의 본가는 경기도 광주, 외가는 경기도 고양에서 살았으나
양편이 다 대대로 높은 벼슬을 하거나 부자로 내려온 집안이
아니었다고 한다.

두 집 중에서는 외가 편이 좀 낫게 지냈던 것 같다. 살림 형
편도 그랬거니와 큰 외숙이 일곱 살 때 사신가는 사람을 따라
일본을 갔다온 점으로 보아 '서울 출입'도 외가 편이 나았던 것
같다.
광주 본가 편은 살림이 몹시 곤궁해서 16세에 우리집에 시집
온 어머니는 처음 해보는 방아찧기와 밭매기에 무진 고생을 했
다. 해마다 '보리고개'에는 아직 덜 여문 보리이삭을 따다가 가

16

마솥에 볶아서 찧어먹는 고역을 치르기도 하였다.[1]

유진오의 큰 외조부가 고양 군수(원)를 지내면서부터 외가는 가세가 일어섰지만, 친가는 그보다 한참 지난 후 아버지가 일본 유학을 마치고 귀국한 뒤 서울로 이사(1901년 경)하면서 살림살이가 나아졌다.

처음에는 맹현(현 가회동)에 기와 열두 간, 초가 세 간의 집을 지었는데(나는 그 집에서 출생하였다) 2, 3년 뒤에 재동에 새집을 짓고 이사하였다. 이번에는 40여 간이나 되는 큰 기와집이었는데 그 집은 선친이 주영공사관 참서관으로 부임하기 위하여 나라로부터 탄 여비로 지은 것이라고 어렸을 때 들었다. 영국으로 떠나지 못했으면 당연히 나라에 환납하여야 할 돈인데 어떻게 된 사정이었던지 잘 모르겠다. 그 집터는 지금은 재동국민학교 운동장의 일부가 되어 있다.[2]

유진오의 아버지는 대단히 개명한 지식인이었다. 유진오는 법률가이던 아버지로부터 법학공부의 유전자를 물려받은 것 같다.

선친 자필의 이력서를 보면 선친은 1899년 일본 유학에서 돌아오신 후 7, 8개월 동안 집에 계시다가 이듬해부터 처가에 와 묵으면서 월급생활을 시작하였는데 처음에는 철도학교·중교의숙中橋義塾 등에서 교편을 잡으시다가 1902년에 잠깐 법부법률기초위원회를 지낸 것을 기점으로 1904년부터 본격적으로 관리생활로 들어가서 궁내부 어공원 회계과장, 궁내부 참서관 겸 대신관방 내무과장, 어원 사무국 이사 등을 역임하였다.

그러나 밤에는 공부를 하여 1910년 즉 합방 때까지 계속하여 한성법학교, 보성전문학교, 양정의숙, 보성법률전문학교 등에서 강의를 하시어 공무원 생활과 교직 생활을 반반씩 하신 셈이다.

선친이 잠시나마 법률기초위원을 지내신 일과 보성전문학교 창설 당시의 5, 6명밖에 안 되는 교원의 한 사람이었다는 것은 나 자신의 이력과 비겨 생각할 때 부자간에는 역시 무슨 운명의 연결 같은 것이 있는 것인지도 모른다.[3]

유진오는 아버지로부터 법률과 교직이라는 두 가지 직업을 물려받게 된 것 같다. 아버지 유치형은 당대에 보기 드문 직업을 전전한 인물이다. 아들의 생애에 절대적 영향을 미친 유치형은 어떤 인물인가를 살펴보자.

유치형은 1877년 경기도 광주에서 유길준俞吉濬 등 개화선각자의 가계였던 기계杞溪 유씨의 집안에서 태어났다. 1895년 3월 관비 유학생으로 뽑혀 일본으로 건너가 경응의숙에서 보통과 신식교육을 받고, 이어서 동경의 중앙대학에 입학하여 3

년간 법률을 공부하였다.

졸업 후 일본 사법성과 각 재판에서 견습하던 그는 1899년 귀국하여 사립 철도학교와 사립 중교中橋의숙에서 교사를 지냈다. 1901년 법부法部의 법률기초위원으로 임명되었으나 다음 날로 거절하였다. 1903년부터는 농사를 지으며 지내다가 주영공사관의 3등서기관으로 임명되었으나 출국 전날 배편이 러일전쟁으로 격침되어 도영이 미루어지는 도중 궁내부 회계과장으로 임명되었다.

그후 황실제도정리국 비서, 궁내부 제도국 참서관, 가례비검정위원, 제실帝室제정회의기사장, 수학원修學院 교관, 궁내부대궁관방 내사과장, 궁내부서기관, 어원御院사무국 이사 등을 역임하였고 대동전문학교와 보성전문학교에도 출강하여 헌법, 민법, 해상법海商法을 강의했다. 합방이 되고 이왕직 사무관 정6품, 고등관3등으로 서품되었으나 이민족 지배하의 관료의 길을 청산하고 사인으로 지낼 것을 결심, 한성은행 서무과장으로 취직하여 서무부장, 취체역을 지냈다.

이렇게 사인으로만 어려운 시대를 살던 그는 1933년 56세의 나이로 조용히 숨을 거두었다. 그의 저서로는 『헌법』, 『해상법』, 『물권법 1부』, 『물권법 2부』, 『경제학』 등의 단행본 교과서와 친필사본 『국제법약설』, 『일본헌법 일기』 등이 있다.[4]

유치형의 법사상을 연구한 최종고 교수는 뒷날 유진오에게 이어지는 유치형의 헌법과 관련 「헌법론」에서 다음과 같이 정리한다.

그는 헌법에 대하여 실질적으로는 나라의 정체를 규정하는 법규, 형식적으로는 최고의 법규인 것이라고 정의하고, 국체와 정체의 개념을 분리하여 헌법의 개정은 정체에 관해서만 가능하다고 하였다. 또한 '통치 주체인 황위皇位가 주권의 본체를 이룬다'고 하여 한국의 황제의 지위를 일본의 황제와 같이 설명하고, 다만 표현은 황제·천황·군주로 혼용하고 있다.[5]

유진오의 큰 외숙은 박용화朴鏞和다. 그 역시 특이한 경력의 소유자이다.

큰 외숙 박용화는 나의 아버지보다 나이도 위였거니와 관력도 화려하였다. 주영공사, 내장원경, 궁내대신 등을 역임하면서 고종황제의 측근으로 신임이 두터웠다고 한다. 그러나 외숙은 헤이그밀사 사건으로 한일간의 관계가 긴장되고 고종황제가 일인의 강요로 제위를 물러나지 않을 수 없게 되어 세상이 떠들썩하던 1906년 7월에 가회동 자택에서 괴한에게 암살되고 말았다.

자객이 체포되지 않았기 때문에 나의 외숙은 왜 무엇 때문에 누구한테 암살을 당한 것인지 밝혀지지 않고 말았다. 어렸을 때 어른들에게 들은 바로는 고종황제의 측근이기 때문에 이준 열사가 가지고 간 밀서 작성에 외숙이 관계하였다고도 하고 매

부인 나의 선친은 이준 열사가 조직한 헌정연구회의 회원이었으므로 외숙과 이준 열사 간에 무슨 관계가 정말로 있었던 것인지도 모른다.[6]

개화파 유길준과 인척관계

유진오는 네 살 되던 해부터 아버지로부터 「천자문」을 배웠다. 얼마 후 곧 「천자문」을 떼어 어머니가 송편을 만들고 책씻이를 하였다고 기억한다. 그는 한자보다 한글이 더 배우기 어려웠다고도 기억한다.

아홉 살 때인 1914년 살던 집과 담 하나 사이에 있는 재동국민학교(현 재동초등학교)에 입학하였다. 한 학년에 한 반씩 네 학급의 4년제 학교로 나라 망한 지 4년째 되던 해였다.

금테 둘린 모자를 쓰고 까만 제복에 긴 칼을 찬 위풍당당한 사람. 그것은 육군장교나 경찰관이 아니라 바로 조선총독부 훈도 즉 우리 선생님들이었다.

네 학급뿐이니 교장선생 외에 네 분의 선생이 있었다. 교장은 일본사람이었다. 나의 1학년 때 담임은 신기덕 선생, 2학년 때는 박현식 선생, 3학년 때는 심의린 선생, 그리고 졸업반인 4학년 때 담임은 호즈미穗積라는 일본선생이었다.[7]

유진오는 입학 전에 이미 아버지에게서 천자문을 비롯하여 소학·산술·한글을 배웠기 때문에 다른 아이들보다 학업이 앞서갔다. 보통학교 1학년 담임선생은 두고두고 기억이 남는 분이었다.

거의 평생을 대학 강단을 서온 내가 보통학교 1학년 때 담임
선생을 그토록 존경하는 것은 웬일일까. 어른들이 늘 이야기해
주던 퇴계나 율곡 같은 대학자가 바로 저런 분이려니 하고 과대
평가했던 인상이 아직도 남아 있기 때문이 아닌가 싶다. 그뿐
만 아니라 조선어든지 일본어든지 산술이든지 도화(그림)이든
지 척척 해내는 나를 항상 칭찬해 주는 게 흐뭇했고 어린 마음
에 우쭐한 기분이 들었다.[8]

유진오가 아직 어렸을 때 아버지는 유길준을 비롯 그의 동생들과 자주 만났다고 기억한다. 같은 기계 유씨여서 대동보(족보)를 만들기로 했다고 한다. 그래서 유치형은 유길준으로부터 사상적 영향을 받았던 것 같다.

유길준은 개화기 최초의 유학생으로 일본으로 건너가 게이오의숙을 거쳐 미국 보스턴대학 등에서 공부하고 1885년 유럽 여러 나라를 순방한 후 귀국하였다. 때마침 갑신정변으로 친일 혐의자들이 소탕되는 와중에 개화당으로 몰려 구금되었다. 구금 기간 우리나라 최초의 국한문 혼용서인 『서유견문』을 집필하여 1895년에 탈고하였다.

모두 20편으로 구성된 『서유견문』은 세계 각국의 인종·물산·경제를 비롯하여 역사·종교·복지제도 등을 두루 다루었다. 한말 조선사회에 일종의 '문화충격'을 주었던 책이다. 유길준이 서문에서 언문일치를 주장한 것이 계기가 되어 당시 신문·잡지가 비로소 국한문 혼용체를 많이 쓰게 되었으며, 나아가서 새로운 개화사상에 눈뜨게 하여 갑오경장의 사상적 배경이 되었다는 평가가 따른다.

유길준은 1894년 갑오경장으로 개화파정부가 수립되면서 외부참의 등을 지내고 1896년 내부대신에 올랐으나, 아관파천으로 내각이 붕괴되자 일본으로 망명하였다. 1907년 귀국하여 안창호의 국내조직인 흥사단과 한성부민회 등을 통해 국민계몽운동에 힘썼다. 1910년 한국병탄 후 일제가 남작 작위를 주었으나 거부하는 결기를 보였다.

당초 대동보소大同譜所(족보 만드는 곳)는 노들(노량진)에 있는 유길준 씨 댁에 본부를 두고 있었으나 그가 돌아가시자 계동 우리 집 사랑채로 옮겨온 것이다.

나이 많은 친척 어른들이 우리 집 사랑채에 웅성거렸다. 내 기억에 남는 분들은 유길준의 동생 유성준을 비롯하여 유진태, 유진찬, 유창환 씨 등이다.

일가의 한 분인 유진태 씨는 족보 일이 끝난 뒤에도 우리 집 사랑채에 남아 기거하면서 그림을 그렸다. 한 번 붓을 휘두르기만 하면 싱싱한 난초가 솟아나오고 송악이 눈앞에 다가섰다.

흔히 서화(글씨와 그림)라고 하지만 나는 어려서 글씨와 그림에 무척 흥미를 가졌다.[9]

유진오의 기억에 따르면 자기 집 큰 사랑 두 간을 꽉 차는 단원 김홍도의 신선도神仙圖병풍이 있었는데, 아홉 살 무렵에 아버지가 3, 4백 원엔가 팔고 나서 얼마 후 그림이 3,000원에 거래되었다는 소식을 듣고 아쉬워했다고 한다.

이런 분위기 때문이었는지 유진오는 어렸을 적부터 그림을 잘 그렸다.

나는 그림을 잘 그린다 해서 재동보통학교의 우리 교실은 물론 교직원실에도 내가 그린 그림이 몇 년을 두고 붙어 있기도 했다. 1915년 보통학교 2학년 때 경복궁에서 열린 「시정施政 5년 기념 공진회」에 그림을 출품, 입선하여 상패를 타기도 했다.[10]

유진오는 청소년 시절을 평탄하게 보내었다. 그러나 몸은 별로 건강하지 않았다.

보통학교 1학년 때, 나는 몹시 입이 짧고 병약한 어린이었다. 색다른 맛난 반찬이라도 있으면 밥을 좀 먹었지만, 보통 때에는 거의 밥을 안 먹다시피 하고 학교를 가는 것이다. 그때만 해도, 벤또네 도시락이네 하는 것을 싸가지고 다니는 학생이 몇

명 안 되어서, 점심시간이면 대부분 집으로 돌아가 점심을 먹고 다시 학교로 가는 형편이었다. 내가 집에 돌아올 시간이면, 어머니는 찌개랑 국이랑 솔잎불만 있는 청동 화로에 석쇠를 올려놓고 기다리고 있었다.[11]

유진오가 청소년 시절에 겪은 가족사의 비극은 16세 되던 3월에 하나밖에 없는 8세 된 남동생이 성홍열에 걸려 닷새 만에 죽은 일이다. 유진오는 "어머니는 그 아이가 죽은 지 10년이 지나도 15년이 돼도, 설날만 되면 '그 애가 살았으면 올해 몇 살이다.'를 되풀이 하였다."[12]라고 회상하기도 했다.

유진오는 1914년 재동공립보통학교에 입학하여 1918년 졸업하고 1919년 경성고등보통학교에 입학하여 1924년 졸업했다. 경성고보에 입학한 지 10여 일 만에 동맹휴학이 일어나는 등 학교는 3·1혁명의 여진이 계속되고 있었다. 동맹휴학으로 학교는 1학기 내내 휴교상태였다.

당시 경성고보는 전문학교나 대학 진학을 목표로 하지 않고 졸업하면 군서기나 교원 또는 농업이나 상업에 종사할 사람을 양성하는 데 목적을 두고 있었다. 정상적인 중등교육이 아니라 '식민지 교육'이 목적이었다. 학생들은 이에 반대하여 동맹휴학을 결행하고 시정을 요구한 것이다. 동기생 중에는 해방 후 대법원장이 된 조진만이 있었다.

2장

경성제국대학 시절

경성제국대학 수석입학

3·1혁명기 질풍노도의 시기에 보통학교를 마친 유진오는 1925년 경성제대 예과에 수석으로 입학하였다. '제1회 대학 예과 고등학교 입학모의시험'을 쳤는데 전체 수석을 차지한 것이다.

시험결과는 뜻밖에도 내가 수석이었다. 나 자신도 크게 의외로 느꼈다. 영어나 수학에서 내 성적이 좋다는 것은 그렇다 하겠는데 일본어 시험에서 내가 경중(경기중학)이나 용중(용산중학)의 수석들을 까맣게 떼어놓은 데는 놀라지 않을 수 없었다.[1]

유진오가 입학한 경성제국대학은 1924년 일제가 경성(서울)에 처음으로 설치한 관립 종합대학이다. 일제는 식민지 조선에 고등교육기관인 대학을 설치하는 것이 식민지 지배 정책상 이롭지 못하다고 판단하여 대학을 설립하지 않고 철저히 우민화 정책을 펴왔다.

그러나 3·1혁명 이후 조선인의 교육열이 크게 높아지고 유지들 사이에서 민립대학 설립 운동이 전개되자, 총독부는 마지못해 경성제국대학을 세운다. 1924년 예과를 먼저 개설하고 1926년 법문학부, 의학부를 설립하였다. 초대 총장으로 일본인 핫토리 우노키치가 임명되고, 1928년까지 예과·의학부·법문학부 건물을 갖추게 되었으며, 조선총독부 병원이 의학부 부속건물로 이관되었다.

입학 모의시험에서 수석을 차지한 유진오는 자신감을 갖게 되었다. '경중'이나 '용중' 출신들도 그렇지만 일본인 학생들에게서도 우월감을 가질 수 있었다.

> 모의 시험으로 나는 자신의 실력에 대한 확신을 갖게 되었고 나의 동급생들도 일본인 중학생에 대한 그때까지의 열등감을 씻게 되었다. 뿐만 아니라 나의 이름은 나도 모르는 사이에 경중이나 용중 학생들 사이에 널리 알려지고 일종의 두려움의 표적이 되었던 것 같다. 대학 예과 입학 후에 들으니 일본 학생들은 입학시험 때의 나의 복장이나 표정은 물론이요 조그마한 언동까지도 기억하고 있었다. 나는 자신만만하게 신설되는 경성제대 예과 입학시험에 응하였다. 사람은 계속되는 역경이나 차별대우 속에서 형성된 열등감을 떨쳐버린다는 것은 참으로 쉬운 일이 아닌 것이다.[2]

일제가 경성대학을 세운 것은 조선(인)을 위해서가 아니었다.

식민통치의 인물을 배양하고 민립대학 설립을 막자는 데 목적이 있었다. 학생들도 조선인은 4분의 1 수준으로 일본인이 다수였다. 유진오가 들어간 문과A(법과)의 조선인 학생 수는 정원 40명 중 1, 2, 3회에 각각 10명 내외, 5회부터는 좀 늘어서 16명, 20명 정도가 되었다.

예과 동기생 중에는 해방 후 사회주의 맹장이 된 이강국·최용달·박문규와 국어학자 이희승, 미술평론가 고유섭, 작가 이효석, 그리고 고보시절부터의 동기에는 이재학(자유당 시절 국회부의장) 등이 있었다.

유진오는 문과A반의 급장으로 선출되었다. 수석 입학 때문이다. 이런 사실이 알려지면서 신문기자가 찾아왔다. 뒷날 「물레방아」, 「벙어리 삼룡이」 등 당시의 사회현실을 폭로하는 뛰어난 사실주의 작품을 발표한 나도향이었다. 그도 이 학교 출신이었다.

> 대학예과 입학시험에 나가 수석으로 합격하였다 하여 신문기자가 찾아왔는데, 인사를 하고 보니 나도향이었다. 도향은 그때 신문에 장편 「환희」를 연재하고 있어서 나도 이미 이름을 알고 있던 사람인데 알고 보니 나보다 2, 3세 연상밖에 안 되는 젊은 사람이었다. 그때 우리나라 신문학은 그만큼 젊었던 것이다.[3]

유진오의 대학 시절은 '문학청년'의 시기였다. 당시 조선에는

『개벽』, 『창조』, 『영대』, 『백조』, 『폐허』 등의 동인지와 잡지가 간행되고 있었다. 또 1925년 8월 카프KAPF가 결성되어 문학을 비롯하여 연극·영화·음악·미술 등 각 분야에서 프롤레타리아 문예운동을 전개해 나갔다. 유진오는 조선인 학생들과 문우회를 조직하고 활동했다.

총독부는 3·1혁명 후 이른바 '문화정치'를 표방하면서 탄압을 교묘하게 강화하여 가혹한 검열제도로 조선인들의 모든 언론·출판·문화·예술활동을 억누르는 한편 개량주의 사상 및 문화를 적극 선전·조장하고 있었다. 3·1혁명 후 사회주의 사상이 들어오고 노동자·농민들의 반제 투쟁 역량이 급격히 성장함에 따라 이 사상을 받아들인 문인·예술가들은 당시의 퇴폐적이고 감상적인 문학예술의 흐름을 비판하면서 이른바 신경향파 문학운동을 전개하였다. 이 운동은 계속 발전되어 김기진·박영희 등에 의해 카프가 결성되고, 문학·예술가들은 점차 반제·반봉건노선의 대중운동으로 발전되었다.

유진오는 대학 예과 시절 학생회잡지 『청량淸涼』(일문)을 편집하는 한편 한국인 대학생들을 모아 『문우文友』라는 한국어 잡지를 만들었다. 1925년에는 「메밀꽃 필 무렵」의 작가가 된 이효석과 나중에 남로당 간부가 된 최용달과 이강국 등이 참여하였다.

그 무렵 우리 문단에서는 『창조』, 『영대』, 『백조』, 『폐허』 등이 간행되고 하였으나 우리는 별로 관심을 가지지 않았다. 아

30

직 학생인 우리들은 자신의 붓을 들어 글을 쓰느니보다도, 산더미 같이 쌓여 있는 구미 제국의 근대문학 작품을 읽어나가는 데 전정력을 기울이고 있었다. 대부분 일역을 통해서 읽는 것이지만, 그 몇 해 동안에 읽은 문학서적의 분량은 막대한 것이었다고 생각된다.[4]

좌경서클 '경제연구회' 조직

앞에서 잠깐 언급했듯이 3·1혁명이 일제의 무자비한 탄압으로 좌절된 후 1920년대 한국사회는 사회주의이념이 지식인과 노동자·농민들 사이에 광범위하게 파급되었다. 꼭 사회주의(공산주의) 이념에 공감해서라기보다는 천황제를 중심으로 하는 제국주의 일제를 타도하기 위한 대항이데올로기의 성격도 있었다. 따라서 학생들도 각종 서클을 통해 연구와 참여가 이어졌다.

유진오는 1926년 3월 경성제국대학 예과를 졸업하고 법문학부에서 수학하면서 같은 법과의 전승범, 문과의 김계숙, 영문과의 이종수, 중국문학과의 최창규 등과 멤버가 되어 사회주의 성향의 경제연구회라는 서클을 만들고 플레하노프의 『유물사관의 근본문제』, 부하린의 『유물사관』 등을 읽었다.

윤독한 책의 내용으로 보아 명백하듯 이 경제연구회는 그냥 경제학을 연구하려는 단체가 아니라 좌익사상을 연구하려는 것이었다. 마르크스주의 사상은 제1차 세계대전 후 전세계를 휩쓸고 있어서 일본의 각 대학에는 그것을 연구하는 학생 단체가 속출하고 있었다. 그중에서도 유명한 것은 동경제대의 신인회新人會였지만 다른 대학에도 비슷한 단체가 연이어 조직되었던 것이다. 경성제대의 경제연구회도 그런 외부 조류의 영향을 받았던 것이다.

그러나 경제연구회의 멤버들이 진짜 공산주의자들이었다고는 할 수 없다. 그것은 당시의 조선에서 연구단체뿐 아니라 실제 운동단체에도 공통되던 현상으로 3·1운동이 진압된 이후의 이땅에서는 조선의 독립이나 민족해방은 일본을 타도하지 않고는 달성될 수 없고 일본의 타도는 일본제국주의가 공산주의 혁명으로 붕괴되지 않고는 될 수 없는 것으로 생각하는 사람이 많아서 공산주의자가 아닌 사람들도 많이 좌익단체에 가담하였기 때문이다.[5]

경제연구회는 1927년 이강국·최용달·박문규 등이 가입하면서 더욱 좌경 색채가 농후하게 되었다. 경성제국대학 마쓰우라 시게지로松浦鎭次郎 총장은 유진오를 불러, 경제연구회는 연구만 하고 외부 사회단체와 연대하지 말 것을 지시하면서 미야케와 스즈키 교수를 지도교수로 붙여주었다. 둘 다 사회주의 신봉자였다.

경제연구회는 그 다음해 매주 한 번씩 대학 식당에서 연구회를 가지고 윤독하는 책도 힐 퍼딩의 『금융자본론』을 채택하는 등 차차 전문 방면으로 심화되어 갔으며 게다가 그때의 시사문제를 토의하는 등 실제 방면으로 손을 뻗었다.

1929년 1월 원산부두 노동자의 대파업 사건이 일어났을 때는 최용달 군이 조사보고를 맡아서 했는데 그 보고서는 그때 도쿄의 미끼三木清 교수가 주재하던 『신흥과학의 깃발 밑으로』라는 잡지에 발표되기도 하였다.[6]

유진오는 이즈음 경제연구회에서 최용달·이강국·박문규 등 뒷날 좌익의 맹장이 된 친구들과 자주 어울렸다. 모두 경제연구회의 핵심 멤버들이다. 경성제국대학에서 함께 공부하고 클럽 멤버이던 유진오와 최용달은 해방 후 남과 북으로 갈라져 유진오는 대한민국 헌법 초안을, 최용달은 조선민주주의인민공화국 헌법 초안을 작성하였다. 최용달의 프로필이다.

강원도 양양 출신으로 1925년 3월 경성제국대학 법문학부를 졸업하고 사법연구실 조수가 되었다. 1931년 9월 이강국·박문규와 함께 조선사회실정연구소를 결성했다. 1932년 3월 조수직을 그만두고 4월부터 보성전문학교 교수가 되었다. 1933년 4월 서대문경찰서와 종로경찰서, 5월 평양경찰서에 끌려가 사회주의운동 관련 혐의로 취조를 받았으나 증거불충분으로 풀려났다.

1934년 이재유 그룹과 관련되었다는 혐의로 일본경찰에 체포되었으나 7월 기소유예 처분을 받고 풀려났다. 1936년 7월 원산 공산주의그룹의 지도자 이주하를 만나 공산주의 자금과 각종 편의를 제공했다. 1937년 6월 서울에서 이강국·이주하와 함께 공산주의 비밀결사를 조직했다. 1938년 10월 '적색노동조합 원산좌익위원회사건'으로 일본 경찰에 검거되어 1942년 집행유예를 선고받고 석방되었다.

1944년 봄 학생들 내에 공산주의단체를 결성하려다 검거되어 6개월 간의 취조를 받고 풀려났다. 해방 후 조선공산당 재검에 참여하고 건국준비위원회 선전부장, 월북하여 북조선임시인민위원회 사법부 차장, 사법국장, 외무국장 등을 지내고 1953년 산업성 산하 일반제품 수입상 사장으로 재직 중, 박헌영 그룹의 일원으로 지목되어 숙청되었다.[7]

유진오는 뒷날 최용달·이강국·박문규에 대한 '추억'을 「좌경 서어클 경제연구회」란 글에서 남겼다.

학생시대의 최용달 군은 부지런하기 짝이 없는 사람이었다. 나도 이것저것 강의를 많이 듣기는 하였지만 2년 동안 졸업에 필요한 단위를 대강 끝낸 후 3학년 때에 덤으로 몇 단위 더해서 도합 25, 6단위로 대학을 마친 데 비해서 최용달 군은 3년 동안 시간 형편이 되는 대로 법法·문文·철哲·사史의 모든 강의에 다 나갔을 뿐 아니라 시험까지 치러서 45, 6단위는 취득했던 것으로 안다. 그만한 단위라면 학사를 두 개 하고도 남을 숫자다.

최용달 군이 부지런하고 근엄하고, 친구 간의 의리가 두터웠던 데 반해 이강국 군은 쾌남아형의 수재로서 쾌활하고 돌진적이었으며, 박문규 군은 온건·착실한 대신 놀랄 만큼 끈기가 있었다.[8]

춘원 이광수와 만난 비화

유진오는 경성제대 1학년 어느 날 교정에서 우연히 이광수를 만났다. 이광수는 그때 잠시 영문과 청강생으로 와 있었다. 당시 이광수는 문예지 『조선문단』의 주간이며 장편소설 『무정』 등을 발표하는 등 문단의 총아로서 문학청년들로부터 우러름을 받고 있었다.

나도 물론 그에게 관심은 있었으나, 그렇다고 가까이 하려고 하지도 않고 있었는데, 어느 날 교정에서 학우들과 이야기하고 있노라니, 이광수 씨가 더벅더벅 내 앞으로 걸어와서 유진오 씨죠? 나는 이광수입니다, 하면서 손을 내밀었다.

그렇게 하여, 나는 춘원과 최초의 인사를 나누었는데, 당시 이미 다수한 애독자와 찬양자를 가지고 있었고, 우리나라 '3재'의 일인으로 이름이 높던 춘원이 자기가 먼저 청해 인사를 했으니, 나는 득의가 아닐 수 없었다. 그러나, 그때 춘원이 나에게 인사를 청한 것은, 그때 내가 무슨 글을 제법 쓴대서가 아니라, 그저 내가 '재주'있는 학생으로 유명하였기 때문임이 명백하다.

사실 그 후 얼마 안 되어서 나는 소위 소설이라는 것을 발표하기 시작하였고, 또, 『동아일보』와는 '객원'이라는 특수한 관계를 맺어 편집국장인 춘원과 더러 접촉할 기회가 있었는데, 춘원은 시종일관 나를 정중하게 대해 주기는 하였지만, 나의 '소설'에 관해서는 잘잘못간에 한 마디도 언급함이 없었다. 물론, 그것에는 '문단'에 있어서의 나의 위치가 당시의 신진작가군인 좌익계 작가들과 비교적 가까웠던 사실도 작용하였을 것이지만, 어쨌든 춘원은 작가로서의 나를 대단하게 평가해 주는 눈치는 여간해 보여 주지 않았다.

"유 선생같이 두 가지 길(法學과 文學)로 나가려면, 시나 수필 같은 것이 좋지 않을까요" 하는 말을 한 적도 있었다.

그러나, 꼭 한 번 춘원이 내가 쓴 소설을 면대해서 칭찬해 준 일이 있다. 1938년 내가 「창랑정기」를 신문에 발표한 지 얼마 뒤의 일이다. 우연히 종로에 있던 다방 삼영에 들렀더니, 춘원이 앉아 있다가 나의 손을 붙들면서 난데없이 "참 좋더군요. 「창랑정기」 걸작 말입니다. 읽으면서 자꾸 무릎을 쳤습니다." 하였다. 무슨 영문인 줄 몰라 어리둥절하고 있으니까 "「창랑정기」 말입니다. 좋다 좋다 하면서 자꾸 무릎을 쳤더니, 옆에 있던 아들놈이 무에 그리 좋으냐 하기에 너는 아직 모른다. 이담에나 안다 했지요."하고 설명을 붙였다. 그것이 나의 소설에 대해 춘원이 칭찬해 준 처음이요, 마지막이었다.

학부 1학년 때에 벌써 문단의 총수격인 춘원과 알게 되었으므로, 그에게 좀 더 가까이 하였다면 좀 더 일찍이 나도 문단의 일원이 되고 상보·동인·빙허·월탄·제씨도 좀 더 일찍이 상지相知의 사이가 되었을 것이며, 작품경향도 좀 더 달라졌을는지 모른다. 그러나, 그때 나는 벌써 마르크스주의 사상과 일본프로문학의 영향을 받기 시작한 데다가, 전기한 제씨와는 연령의 차이뿐 아니라, '기성'과 '신인'의 격차가 있어서 접근하기가 거북하였으며, 또 막연히나마 나에게는 '문단'이라는 곳이 무슨 당동벌이黨同伐異하는 파쟁의 터전같이 생각되어, 그곳에 휩쓸려 들어가기가 싫었다.[9]

총독부 판사직 거부, 형법연구소 조교

유진오는 직업선택을 앞두고 고심을 거듭한다. 당시 '친체제'의 우수한 조선청년들이 가장 선호하는 직업은 고등문관시험이나 고등사법시험을 통해 총독부 관리나 법관이 되는 것이었다. 유진오도 일본인 교수들로부터 '고문'을 보라는 제안을 받았다. 우수한 두뇌의 그가 충분히 통과할 것으로 본 것이다. 유진오는 총독부의 관리가 되는 것이 내키지 않았다. 성격상으로도 맞지 않다고 생각하였다. '고사'를 치르지 않고 판사가 되라는 제의도 받아들이지 않았다.

어느 날 경성지방법원장 하라原正鼎의 초대를 받았다. 재판소로 오면 특별임용으로 판사를 시켜주겠다는 제의였다. 조선 출신들에게 주어진 일종의 '특혜'였다 이것도 거부했다.

고문을 안 치러도 좋으니 특별히 판사를 시켜주겠다는 제의까지 물리치고 나니 콧대 센 것을 일인들에게 보여 준 것은 좋으나 나는 정말 갈 데가 없는 신세가 되었다. 연희전문이니 보성전문이니 하는 것이 없는 것은 아니었으나 그 두 학교는 갈 수도 없고 가기도 싫었다.[10]

연희와 보성을 배제한 데는 까닭이 있었다.

연전이니 보전이니 하는 곳에 갈 수 없었다는 말은 이 두 학교에는 법학 관계 교수의 자리가 모두 합해야 5, 6석 밖에 되지 않는 데다가 그때만 해도 우리나라에서는 일본이나 구미 유학을 하고 돌아온 사람이라야 훌륭한 것으로 아는 풍조가 심해서 국산 제1호인 경성제대 출신을 받아 줄 것 같지가 않았기 때문이요, 가기 싫었다는 말은 그 당시에는 이 두 학교는 말이 전문학교지 도서관이나 연구실 등의 시설이 전혀 돼 있지 않아서 '교수'라는 칭호만 얻기 위해서라면 몰라도 학문연구의 목적이라면 갈 곳이 못되는 것으로 생각되었기

때문이다.[11]

유진오가 고문이나 법관 제의를 마다하고 언론계 진출을 구상하고 있을 때 의외의 제안을 받았다. 형법을 전공한 하나무라 교수가 새해(1929년)부터 형법연구실이 생기는 데 조교로 일할 의향이 없느냐는 제안이었다. 1학년 때 형법 답안을 잘 써서 하나무라로부터 극찬을 받았던 인연이 있었다.

당시 일제는 교수 자리를 조선인에게 맡기지 않았으나 조교 자리는 주었다.

> 하나무라 교수에 의하면 조선인은 교수를 시키지 않는다는 원칙이므로 형법·형사소송법 관계로 구좌가 하나 증설되어도 그것을 맡게 될 가망은 없지만 강사라면 조선인에게도 맡길 수 있는 일이니 앞으로 형사정책刑事政策 같은 과목이 생기게 되면 그런 것은 나한테 맡기겠다는 것이다.
>
> 민사소송법 문제 때와는 달리 형법이나 형사학·형사정책이라면 나도 흥미를 가진 과목이었고 강사는 '만년 조교수'만도 못한 자리일 수 있으나 반면 대가라도 강사는 할 수 있는 자리기 때문에 나는 하나무라 교수의 제의를 받아들여 대학을 졸업하자 곧 형법연구실 조수로 들어갔다.[12]

유진오는 1929년 3월 경성제국대학 법문학부를 수석으로 졸업하고, 이 대학의 형법연구실 조수(조교)로 한동안 근무한다. 유진오는 조선인 졸업생 모임인 낙산구락부를 조직하여 학술잡지 『신흥新興』을 발간하고, 1930년 이지휘란 필명으로 「년간 조선사회운동개관」을 『동아일보』에 기고했다. 그리고 이해에 만주를 여행하고 돌아왔다.

유진오는 경성제국대학 형법연구실 조교로 근무하면서 아직 재학 중인 최용달·이강국과 셋이서 일본 도쿄에 다녀오기로 했다. 일본에 가서 당시의 대가大家들을 만나고자 함이었다. "경성대학의 교수진은 그만하면 훌륭한 것이었다 할 수 있었지만 결국 경성제대는 일본의 식민지대학이요, 그 권위의 본거지는 도쿄이었기 때문에 경성제대 출신자로서는 한 번 그 본거지를 찾아 자신의 위치를 확인해 보고 싶은 마음"[13]에서였다.

세 사람은 당시 일본사회의 오피니언 리더급에 속하는 명사들, 예컨대 미키 『신흥과학』 주간, 오오야마 교수, 구시다 경제학자, 히라노 민법학잡지 주간 등을 만나고, 한 달여 동안 머물다 돌아왔다. 견식을 넓힐 수 있었고, 일본 사회의 다양한 모습을 살피는 계기가 되었다.

유진오는 1929년 겨울부터 예의 이강국·최용달·박문규 등과 「조선사회운동사」를 분담집필하기로 하였다. 합병 전후부터 3·1운동(혁명) 전까지를 이강국, 3·1운동기를 박문규, 3·1운동 이후 사회운동 분열투쟁기를 유진오, 신간회와 그 이후를 최용달이 맡기로 하였다. 조선사회의 사회경제적 모순을 마르크시즘의 관점에서 분석하여 민족의 활로를 개척하고자 하는 의도였다. 경성제대의 미야케 교수가 재정지원을 해주었다.

「조선사회운동사」는 1931년 겨울 4백 자 원고지 1천 수백 매에 이른 방대한 작업이었다. 국내에서는 출판이 어려워 도쿄에서 출판을 시도했으나 이 역시 여의치 않아 박문규가 보관하던 원고는 해방 후 그의 월북으로 행방을 찾기 어렵게 되었다. 유진오는 이를 두고 오랫동안 아쉬워했다.

「조선사회운동사」를 집필하던 이들은 1931년 9월 조선사회사정연구소朝鮮社會事情研究所를 조직하였다. 당초 조선사회문제연구소라는 명칭을 구상했으나 '사회문제'로는 등록이 불가할 듯하여 '사회사정'이라는 애매한 간판을 걸었다. 그러나 얼마 후 일제의 만주 침략으로 전시체제가 강화되면서 연구소의 활동은 시련에 빠지게 되었다.

> 일제의 군국주의가 가속화되면서 결국 조선사회사정연구소는 불온단체로 지목되었다. 유진오는 수차에 걸쳐 경찰조사와 가택수색을 받고 일기 등 여러 문건들을 압수당하였다. 이후 유진오는 해방 때까지 더 이상 일기를 쓰지 않는다. 조선공산당에 관여하였던 미야케 교수와 최용달은 체포·구금된다.[14]

일제의 만주 침략을 계기로 1931년 조선총독이 우가키 가즈시게宇垣一成로 바뀌고 경성제국대학 총장도 야마다 사부로山田三良로 교체되었다. 전시체제에 부합되는 인물들이다. 야마다 총장은 부임하면서 경성제국대학에 조선인 조교가 너무 많다는 것을 지적하였다. 경성제대 조선인 학생들의 반제동맹사건 등이 빌미가 되었다.

학교 당국은 새 총장의 뜻에 따라 유진오를 불러 만주철도회사 조사부 자리를 주선하면서 옮길 것을 제안했다. 세 자리가 비었으니 최용달 등과 함께 가라는 제의였다. 당시 '만철'의 사원 자리는 식민지 엘리트 청년들에게 선망의 직장이었다.

유진오와 그의 친구들은 함께 거부하였다. 만철은 조선의 동양척식주식회사와 같이 일제의 대륙침략 총본산이었으며 특히 조사부는 만철의 두뇌요 심장역할을 하고 있었다. 유진오는 이런 만철에 부역할 수 없다고 판단한 것이다. 이때만 해도 민족적인 결기가 충만하였다.

3장

문학청년 시절

30여 편의 단편소설 쓴 작가

식민지 조선의 인텔리 청년 유진오는 20대에 정신적으로 방황의 날이 많았다. 동년배들에 비하면 행복한 방황이랄 수 있겠지만, 짙은 고뇌의 날들이었다. 판사나 만철 사원 등 일반 청년들에게는 그림의 떡과 같은 직장도 마다하면서 마르크스주의에 경도되기는 했지만 최용달이나 이강국 등처럼 깊숙이 빠져들지도 않았다.

그가 의탁한 것은 문학도의 길이었다. 일찍부터 문학적인 소양도 있었다. 한때 문학이냐 법학이냐를 두고 고심을 할 만큼, 문학은 항상 의식의 전면에 위치하였다. 경성제대 학부 시절에 소설을 썼다. 첫 작품은 1927년 『조선지광』에 발표한 단편 「스리」이다. 21세에 쓴 소설이다. 유진오는 이를 계기로 작가로 등단한다.

해방 후 정음사가 '한국단편문학전집 2'로 펴낸 유진오의 단편소설집 『창랑정기』에는 「창랑정기」, 「산울림」, 「김강사와 T교수」 등 28편이 실릴 만큼 많은 작품을 썼다.

젊었을 때에는 누구나 문학을 좋아한다. 하지만 나의 경우에는 그 정도가 아니라, 한때 몸으로써 문학과 맞부딪쳐 본 셈이다. 물론 문학을 좋아했기 때문이었지만, 그때 형편으로는 문학이 유일한 숨구멍 같이 생각되어, 말하자면 숨이라도 좀 시원하게 쉬어 보겠다는 생각에서 창작에 붓을 대기 시작한 것이었다.

그러나 그때만 해도 '신문학'이라는 것이 시작된 지 얼마 되지 않던 때라 본받을 만한 우리 문학의 전통이 서 있는 것도 아니었고, 섬길 만한 스승이 있는 것도 아니었으며, 철자법도 결론을 얻기 전이었고, 학교에서 우리말을 제대로 가르치지도 않던 때이기 때문에 내가(다른 사람들도 대개 다 그러했지만) 그때 무슨 작품을 쓴다는 것은 그야말로 '창작'에 속하는 일이었다. 외국어를 통해 읽는 외국작품에서 얻은 지식을 무기로, 우리의 생활과 감정의 이모저모를 되는대로 파헤쳐 보는 것이었다.[1]

유진오의 생애를 직업(업무)별로 나누면 소설가·교수·헌법학자·관리·정치인 등으로 분류할 수 있을 것이다. 그는 20, 30대 그러니까 일제강점기의 청년시대를 교단에 있으면서도 문인작가로 활동하였다. 같은 기간의 전업작가 중에도 30여 편의 작품을 쓴 문인은 흔치 않았다. 그는 단편 외에도 「화상보華想譜」라는 장편소설도 썼다.

유진오는 지식인으로서의 고뇌와 한계를 소설을 통해 해소하고자 하였다. 그래서 작품은 주로 지식인 문제를 다루는 경향성을 보였다.

　작가 유진오는 시대의 바뀜에 따라 태도의 변화가 있지만, 지식인으로서 식민지의 당면 상황을 어떻게 대처해 나가느냐는 문제에 주로 관심한 것으로 보인다. 그런 관심은 초기에는 동반 작가로서 고통 받는 우리 민족에 대한 동정의 표현으로, 다음에는 지식인으로서 자신의 고민을 토로하는 형식으로 표명되어 있다.

　1927년 「스리」를 비롯하여 1932년의 「전별」에 이르는 일련의 동반작가로서의 작품들과, 1934년의 「행로」부터 해방 이전까지의 순수작가로서의 작품들은 각각 그 같은 특징을 드러내고 있다. 다시 말하면 이 전후기 17, 8년간에 발표한 작품들에서 그는 식민지 지식인 특유의 사상과 감정을 진술한 것이다.[2]

　'소설가 유진오'를 이해하기 위해 그의 작품과 발표한 지면, 연대를 살펴본다. 앞에서 소개한 단편집 『창랑정기』에 묶인 작품이다.

　　「창랑정기」, 1938년, 『동아일보』
　　「산울림」, 1941년, 『인문평론』
　　「김강사와 T교수」, 1935년, 『신동아』
　　「봄」, 1940년, 『인물평론』
　　「나비」, 1939년, 『문장』

「수술」,1938년, 『야담』

「가을」, 1939년, 『문장』

「어떤 부처夫妻」, 1938년, 『조광』

「치정癡情」, 1938년, 『조광』

「김포 아주머니」, 1944년, 『방송지우』

「식모난」, 1943년, 『방송지우』

「5월의 구직자」, 1929년, 『조선지광』

「젊은 아내」, 1941년, 『춘추』

「복수」, 1928년, 『조선지광』

「5월 이제二題」, 1935년, 『조선문단』

「가마」, 1943년, 『춘추』

「주붕酒朋」, 1940년, 『문장』

「사령장」, 1936년, 『문장』

「입학전후」, 1943년, 『방송』

「황율黃栗」, 1936년, 『삼천리』

「상해의 기억」, 1931년, 『문예월간』

「간호부장」, 1935년, 『신동아』

「신경新京」, 1942년, 『춘추』

「마차」, 1941년, 『문장』

「정선달」, 1942년, 『춘추』

「가정교사」, 1930년, 『대중공론』

「이혼」, 1939년, 『문장』

'동반작가'로서 활동

유진오는 적지 않은 소설을 발표하면서도 초기에는 이른바 '문단'에 참여하지 않았다. 그리고는 스스로 '무소속'으로 치부하였다. 하지만 얼마 후부터 '문단'에 들었다. 그럴 계기가 있었다.

> 막연히나마 나에게는 '문단'이라는 곳이 무슨 당동벌이黨同伐異하는 파장의 터전같이 생각되어, 그곳에 휩쓸려 들어가기 싫었다.
> 그러나 나도 드디어 '문단인'이 될 때가 왔다. 어떤 인연에서였는지는 모르나, 당시의 좌경적인 종합잡지였던 『조선지광』에서 나에게 창작 청탁이 왔다. 대학 1학년인가 2학년 때의 일이다. 나는 「스리」를 써 보냈다. 그것이 인연이 되어 『조선지광』의 편집장(?)이던 이기영 씨를 알게 되고, 이어 최서해·송영·임화·안석주·한설야·박영희·김기진 등 그때 춘원·상보·동인 등 기성 문단에 대항하여 소위 프로문학파를 형성하고 있던 인사들과도 알게 되었다.[3]

유진오는 '문단'에 참여하면서도 카프 등에 참가하지 않고 '동반작가'로서 활동하였다. 동반작가란 프로문학운동 조직에는 참가하지 않았지만, 작품 경향은 프로문학과 비슷한 작가에게 붙이는 명칭이었다.

48

사실, 효석(이효석)과 나는 여러 차례 프로문학운동에 가담할 것을 권고 받았다. 그러나 문학을 하는 데 운동과 조직이 필요한 것인지, 우리는 이해할 수가 없었을 뿐 아니라, 일단 그 조직 속에 들어가면, 동류 작가의 작품은 으레 칭찬하고, 다른 작가의 작품은 으레 까야 하는 것이 싫어서, 끝내 그들의 권유를 물리치고 말았다.[4]

유진오는 '동반작가'의 일원이었으나 초기 작품 중에는 프로문학의 경향이 없지 않았다. 경성제대에서 함께 공부하던 학우들의 영향이 작품 성향에 나타나게 된 것이다.

유진오의 이른바 동반작가 시절에 해당되는 1927년부터 1932년까지의 기간은 한국의 프로문학이 가장 활기를 띠던 무렵이다. 1925년에는 종래의 자연발생적인 신경향파 문학이 당시의 사회주의 운동과 연결되어 카프를 형성하기에 이르렀고, 1927년에 그 카프는 다시 조직을 확대하여 과감한 이론투쟁·조직운동·대중투쟁을 내세운 이른바 제1차 방향전환이 있었으며, 1931년에는 외적으로 극좌파와의 대립, 그리고 제1차 검거사건 등으로 카프는 쇠퇴기에 접어들지만 그때까지도 카프의 문단세력은 절대적이었다.

따라서 1925년 이래 이 무렵에 이르는 기간 중 창작 면에서도 김기진의 「붉은 쥐」, 박영희의 「사냥개」, 최학송의 「큰물 진 뒤」, 주요섭의 「살인」, 이기영의 「홍수」, 한설야의 「과도기」 등과 같은 무산계급의식을 반영한 많은 작품들이 발표되었다.

이런 시기에 현민은 이효석과 마찬가지로 카프에 가맹을 않았으면서도 그들과 유사한 작품들을 내놓았다. 그는 실제로 카프 맹원과 동일한 태도에 서고자 하였다. 또 그렇게 인정받기를 원했었다.[5]

대표작 '김강사와 T교수', 전향작 '창랑정기'

문학 평단에서는 유진오의 소설 중에 「김강사와 T교수」를 대표작으로 꼽는다. 자전 소설에 속하는 이 작품은 저자가 경성제국대학 시절 겪었던 '강사'의 비애를 형상화한 것으로 소개된다. 그리고 지식인 소설의 한 유형으로도 꼽힌다. 소설의 한 대목이다.

지식계급이란 것은 이 사회에서는 이중 삼중 아니 칠중 팔중 구중의 중첩된 인격을 갖도록 강제되는 것이다. 어떤 자는 그 수많은 인격 중에서 자기의 정말 인격을 명확하게 겪고 있다. 그러나 어떤 자는 자기 자신의 그 수많은 인격에 현황해 끝끝내는 어떤 것이 정말 자기의 인격인지도 모르게 되는 것이다. 그러면 지금 자기는 이 두 가지 중의 어느 것인가?[6]

유진오의 대표작으로 꼽히는 「김강사와 T교수」는 자전적 작품이면서도 지식인 소설의 대표작이라는 한 평자의 분석이다.

「김강사와 T교수」는 당대 최고 지식인의 한 사람인 작가와 경력 면에서 흡사한 주인공을 내세우는 등, 자전적 성향이 엿보이는 작품이다. 그러한 만큼 이 작품은 체험에서 우러난 당대 지식인의 정신적 갈등과 억압심리 등을 생생하게 그려냄으로써(…) 한국문학사상 '지식인 소설의 한 전형'을 이루었다고 할 만하다.

그리고 같은 지식인 소설이라도 채만식의 「레디메이드 인생」과는 또 다르게 "구직이니 실직이니 하는 문제보다도 한층 근본적인 문제, 인텔리의 현실과의 타협과 그 이상 또는 세계관과의 모순에서 생기는 고민"을 그렸다는 점에서, 그리고 특히 김강사로 대변되는 한국의 지식인과 T교수로 대변되는 일본의 지식인간의 갈등을 다루었다는 점에서 그 독자성을 인정할 만한 작품이기도 하다.[7]

1935년 「김강사와 T교수」로 문명을 날린 유진오는 3년 후인 1938년에 『동아일보』에 「창랑정기滄浪亭記」를 연재한다. 이 소설이 연재될 시기는 일제가 1937년 7월 중일전쟁을 도발하여 조선은 병참기지가 되고 학생들에게는 '황국신민서사'를 암송시키는가 하면 조선 육군 특별지원병 제도를 실시하여 청년들을 침략전쟁으로 끌어가고 있었다.

맹자는 「이루상離婁上」에서 "창랑滄浪의 물이 맑으면 갓끈을 씻고, 창랑의 물이 흐리면 발을 씻는다"고 했는데, 유진오는 「창랑정기」를 계기로 그 반대의 길을 걷게 되었다. 소설의 마지막 부문이다.

문득 강 건너 모래밭에서 요란한 푸로페라 소리가 들린다. 건너다보니 까맣게 먼 저편에 단엽 쌍발동기 최신식 여객기가 지금 하늘로 날라 오르려고 여의도 비행장을 활주 중이다. 보고 있는 동안에 여객기는 땅을 떠나 오십 미터 백 미터 이백 미터 오백 미터 천 미터 처참한 폭음을 내며 떠 올라갔다. 강을 넘고 산을 넘고 국경을 넘어 단숨에 대륙의 하늘을 무찌르려는 전 금속제 최신식 여객기다.[8]

평자들은 유진오의 전향의 시점을 「창랑정기」에서 찾는다. 김윤식 교수의 지적이다.

그의 대표작으로 꼽히는 「김강사와 T교수」(1935)가 갖는 소설사적 의미란, 전주사건으로 카프문학이 침묵할 때 그 몫을 대변한 것에서 찾을 수 있겠거니와, 그 뒤로 작가는 「창랑정기」 (1938)를 계기로, 사상의 범주에서 벗어나게 된다. 현실이 어떠한 사상이나 주관도 선택할 수 없게끔 죄어올 때, 이 살얼음판에서 살아남을 방도란 무엇인가. 무엇보다도 어떤 일에 대한 비판적 태도를 포기하는 것이다.
「창랑정기」에서의 작중화자를 소년으로 만든 것도 이에 말미암는다. 어떻게 하면 현실에 비판적 태도를 취하지 않고 대처하느냐를 두고 고민한 그가 발견한 방법이 이른바 '시정의 리얼리즘'이다. 「어떤 부처」·「치정」·「마을」·「나비」 등이 그 성과인데, 문학정신을 소외시킬수록 문학다워진다는 참으로 기괴한 논리가 도출되기에 이른다.[9]

유진오의 사상적 전향을 소설 「창랑정기」에서 찾는, 문학평론가 정태욱 교수의 진단이다.

사람들은 유진오가 문학에서는 1938~1939년 「화상보華想譜」의 연재를 계기로 정치성과 결별하였다고 하고, 현실에서도 1939년 보성전문학교 법학과장직을 맡으면서 친일의 길로 들어섰다고 말한다. 그러나 나는 1938년 봄에 발표한 자전적 소설 「창랑정기」에 주목하고 싶다.

「창랑정기」는 일제의 탄압으로 몇 년 동안 침잠을 끝내고 발표한 소설이며 또 자전적 내용이라는 점에서, 유진오 세계관의 전개에서 매우 중요한 의미를 담고 있다고 생각된다. 이 소설은 어릴 적 문중의 어른 '서강대신'이 살던 한강변의 창랑정에 대한 회고로 시작한다. '명랑 소녀'였던 하녀와의 즐거웠던 한때에 대한 추억담도 곁들여진다. 그러나 결국은 '쇄국'을 고집하고 아들에게 '신학문'마저 금지하던 '서강대신'의 집안이 이후 어떻게 쇠락하여갔는지에 대한 금석지감으로 귀결한다.

사람들은 이 「창랑정기」를 '동심의 풋사랑'과 같이 낭만적으로 보기도 하고, 유진오는 이를 정치를 떠난 작품으로 얘기하는데, 나는 그에 의문이 있다. 나는 이 「창랑정기」는 사실 정치적인 소설이며, 유진오의 전향을 시사하는 작품이라고 생각한다.[10]

'현민玄民'이란 아호의 유래

유진오는 작가 활동을 하면서 '현민'이라는 아호를 쓰기 시작했다. 그에게는 어렸을 때에 선친이 지어 준 자字와 호號가 있었다. 자는 자경子卿이고 호는 지암芝菴이었다. 지암의 유래는 어머니 태몽 속에 고향 집 뒷산에 바위가 나타났기 때문이라 한다.

그러나 바위에 먼저부터 이름이 있어서, 나의 호가 지암이 된 것인지, 나의 호가 지암이 되어 그 바위가 이름을 얻은 것인지는 알 수 없다.

어렸을 때 나는 시골 아주머니, 할머니들이 "지암이, 지암이" 하고 귀여워해 주는 것을 구수하게 들었고, '지암이'는 나의 아명의 하나거니 하였다. 그러나 차차 철이 들어 모든 낡은 것에 대한 반항의식이 강해지자, 나는 아버지가 지어주신 그 호를 의식적으로 내버렸다. 어쩐 봉건적인 냄새가 나는 것 같았기 때문이다.[11]

한국 사회는 해방 후 사회저명 인사들은 이름 대신 아호로 불렸다. 독립운동가와 문인·학자, 정치인들이 특히 그러했다. 김구는 백범, 신채호는 단재, 박은식은 백암, 안창호는 도산 등이 대표적이다.

정치인의 경우 윤보선은 해위, 이범석은 철기, 장택상은 창랑, 유진산은 옥계, 김대중은 후광, 김영삼은 거산 등이 본명과 더불어 대중화되었다. 문인들의 경우 월탄 박종화, 미당 서정주, 청마 유치환, 벽초 홍명희 등이 꼽힌다.

> 대학을 졸업한 후 저널리즘에 손을 대게 되자, 나는 곧 여러 가지 펜네임의 필요를 느꼈다. '진오陣伍'·'이지휘李之輝'·'현민'·'권權'·'문文' 등이 그것이다. 여러 가지 펜네임이 필요하게 된 것은 나의 붓끝이 법률·정치·경제·사회·문예·미술·평론 등에까지 미쳤기 때문이다. 복면을 하기 위함보다도, 한 이름으로 여러 가지 글을 쓰면 남이 신용하지 않을까 두려워한 것이다.[12]

옛 선비들과 독립운동가들은 여러 개의 호를 가졌다. 추사 김정희는 수십 개의 호를 쓰고, 항일지사들도 그러하였다. 선비들은 취향에 따른 것이었고, 지사들은 일제의 추적을 피하기 위해서였다. 유진오는 여러 장르의 글을 쓰면서 아호를 여럿 썼지만, 일반적으로는 현민이 많이 알려졌다.

> 그 몇 이름 중에서 지금 남아 있는 것이 '현민'인데, 아호든

펜네임이든간에 어째서 '현민'이라는 이름을 택했느냐고 묻는다 하면, 나는 똑똑하게 대답할 수가 없다. 그저 획수 적고, 부르기 좋고, 싱겁지도 짜지도 않고, 의미가 있는 듯도 하고 없는 듯도 하고, 아雅도 아니고 속俗도 아닌 이름을 고르다 보니 그렇게 된 것이다.

어렴풋이라도 무슨 뜻이 있지 않겠느냐고 굳이 캐어 묻는 사람이 있다 하면, 나는 '현玄'은 노자의 「도덕경」을 읽을 때에 대단히 좋은 자字라고 생각한 것이 사실이고, '민民'은 백성, 민중, 인민 등의 말을 좋아하던 것이 또한 사실이라고 대답할 밖에 없다.[13]

4장

보성전문학교
교수 시절의
친일행위

김성수에 의해 보성전문학교 교수로

정신적으로 그리고 직업상으로 방황하던 유진오는 1932년 김성수가 보성전문학교를 인수하여 경영하면서 여기에 초빙되어 법과 강사로 출강하였다. 보성전문학교는 1905년 5월 대한제국 내장원경 이용익이 교육구국의 이념 아래 설립한 사립학교였다. 당시의 사립학교들은 대부분 외국 선교사가 세운 것에 비해 보성전문학교는 한국인에 의해 설립된 근대적 사립교육기관이다.

을사늑약 후 설립자가 해외로 망명하자 그의 손자 이종호가 맡아 경영하던 중 그가 1909년 안중근 의거에 연루되어 구금되면서 경영난에 빠져 어려울 때 천도교의 교조 손병희의 지원으로 회생되었다. 손병희가 1919년 3·1혁명을 주도하다가 투옥되면서 다시 어려움에 빠지자 김병로 등 사회지도층 인사들이 1921년 재단법인 보성전문학교로 인가를 받아 유지되었다.

총독부의 지나친 간섭과 국제적인 경제공황, 재단경영의 부실 등으로 학교가 재정난에 빠지게 되자 1932년 김성수가 보성전문학교를 재단법인 중앙학원으로 인수하여 교장에 취임하면서 유진오 등을 영입하였다. 1934년 교사를 안암동 현 위치로 이전하고 오늘의 고려대학교로 이어졌다.

유진오는 보성전문학교로 직장을 옮긴 전후 사정을 다음과 같이 기술한다.

> 내가 보성전문학교와 인연을 맺은 것은 1932년 4월, 그러니깐 인촌 김성수 선생이 동교의 경영을 인수하고 스스로 교장의 책임을 지던 때이다. 그때 인촌은 세 사람의 신진을 이끌고 등장하였는데, 세 사람이란 오천석·김광진 양씨와 나였다. 오천석 씨는 그때 미국에서 교육학 박사를 획득하고 갓 귀국한 터이었고, 동경상과대학 출신인 김광진 씨는 수년 전부터 시간강사로 보전과 인연을 맺어 온 터이었으며, 나는 김광진 씨와 함께 경성제국대학 법문학부 연구실에서 조수로 있으면서, 동대학 예과에 역시 시간강사로 1주일에 한 번씩 법학통론 강의를 하러 다니고 있던 터였다.[1]

보성전문학교로 직장을 옮긴 유진오는 김성수의 측근이 되었다. 해방 후에 정치행보까지 함께한다.

> '김성수가' 보전 교장으로 재임하시는 동안 나는 7, 8년간 졸업식전·기타의 경우에 선생이 낭독하신 식사·기념사·훈사 같은 것을 대필하였는데, 그것은 나에게 참으로 큰 고역이었다. 글을

써 가지고는 사전에 선생께 검열을 받아야 하는데, 그 검열을
무사통과하기가 극난한 것이다. 글을 써 본 사람은 누구나 다
아는 바와 같이, 글이란 같은 말을 하여도 이렇게 표현해 다르
고, 저렇게 표현해 다르기 때문에, 상想이 정해진 뒤에도 어구
의 선택, 표현의 방법 등에 비상한 고심을 요하는 것이다.[2]

　'민족학교'로 출발한 보성전문에 들어간 유진오의 행보는 전
혀 '민족적'이지 않았다. 해방 때까지 13년 동안 그는 적지 않은
친일작품을 쓰고 강연을 하였다. 그의 주선으로 보성전문학교
교수로 옮긴 '절친' 최용달과는 달리 친일노선을 걸었다.
　유진오는 보성전문 강사 초기에는 국제법이나 국제정치에 관
한 논문을 여러 편 발표하고 1933년 10월부터 『동아일보』의
객원기자를 지냈다. 1936년 원산청년회가 개최한 강연회에서
발언한 내용이 문제가 되어 경찰조사를 받기도 했다. 1937년에
보성전문학교 교수가 되고 1939년에는 법과과장직을 맡았다.
이 무렵부터 법학연구를 중단하고 창작활동에 몰두했다.[3]
　실천문학사는 1986년 김규동·김병걸 두 사람을 편자로 하여
『친일문학작품선집』 두 권을 펴냈다. 제1권에 수록된 인물은
이광수·최남선·김안서·김동인·주요한·박종화·박영희·김팔봉·김
동환·김소운·이무영·이효석·백철·유치진·이석훈·최재서이고, 제
2권에는 유진오를 비롯하여 김해강·정비석·조용만·모윤숙·김
용제·최정희·장덕조·장혁주·김상용·노천명·함대훈·김문집·서정
주·김종환·오영진·곽종원·조연현·양명문·홍효민이다.

이 책에 실린 유진오의 친일작품은 평론으로 「지식인의 표정」, 「국민문학이라는 것은」, 「동양과 서양」이고, 기타 「소감」, 「우리는 반드시 승리한다」 등 5편이다. 그는 또 「신질서 건설과 문학」, 「시국과 문화인의 임무」, 「대동아정신의 기초」, 「일본어의 보급」, 「병역은 곧 힘이다」, 「조부의 철조각」, 「작가와 기백」, 「풍요로운 계절」, 「문화 또한 전쟁과 함께」, 「훌륭한 군인으로 정진하라」, 「학도병 출신 효암의 감격」 등 시론·소설 등을 썼다.

이밖에도 좌담·대담·강연 등 다양한 형태로 일제의 식민정책을 옹호·지지하고 침략전쟁을 미화·찬양하는 활동을 전개했다. 「싱가폴 낙정의 감격」, 「주제로 본 조선의 국민문학」, 「신체제하의 조선문학의 진로」, 「문화익찬의 반도체제-금후 문화부 활동을 중심하여」, 「일·미개전과 동양의 장래」, 「국민문학의 방향」, 「대동아 전쟁 일주년을 맞는 나의 결의」, 「작가와 기백」 등은 좌담회의 주제들이다.

'친일인명사전' 유진오의 친일행적

유진오의 친일행적을 『친일인명사전』은 다음과 같이 기록한다.

1939년 7월호 『삼천리』에 "동아신질서 건설을 위하여 대륙의 전선에 분전하는 용사를 위문하기 위하여 금차 도지渡支하는 제위의 건강을 빌며 이 중대한 사명을 무사히 다하시기를 바랍니다. 전쟁이란 실로 인간의 가장 심오한 금선琴線을 울리는 가장 절실한 인간 활동이라 금차의 제위의 전선 위문은 반드시 위대한 문학적 성과로 나타날 것을 아울러 기대합니다." 라며 '북지황군北支皇軍 위문단'을 격려하는 「신질서 건설과 문학」이라는 글을 발표하면서 본격적인 친일활동에 가담했다.

10월 조선실업구락부에 입회했다. 11월 3일 조선총독부외곽 단체인 조선문인협회가 결성될 때 발기인과 간사로 참여했다. 11월 8일 조선문인협회가 주최한 '전선戰線에 위문문·위문대 보내기 행사'를 주도했다. 12월 조선문인협회 간사로서 사업부 조직의 임무를 맡았다. 1940년 2월 조선문인협회가 주최한 평양문예대회에서 '조선문학과 용어문제'라는 연제로 대중강연을 펼쳤다.

9월 만주국 민생부民生部가 주최한 만주문화건설공작강연회에서 '조선문학과 만주문학-특히 현대조선문학의 입장으로부터'라는 연제로 만주국 순회강연을 했다. 10월 12일 조선문인협회가 주최한 문사부대文士部隊 육군지원병훈련소 1일 입소에 참여한 뒤 『삼천리』 12월호에 「일사불란의 그 훈련」이라는 짧은 산문을 통해 "지원병훈련소를 견학하고 그 질서와 규율에 다시금 탄복하였다. 공교로이 그날 오후 나는 불가피한 사무가 있어 훈련의 실상은 견학하지 못하였으나 숙사 학교 식사 등의 실정을 보았을 때 그 질서의 정연함에 탄복하였다. 그 일사불란의 훈련 속에서 동아신질서 건설의 굳센 힘도 우러나올 것으로 믿는다."라는 소감을 밝혔다.

1940년 11월부터 12월까지 조선문인협회가 주최한 순회시국강연회의 연사로도 평안도에 파견되어 '신체제와 국어보급'이라는 연제로 강연했다. 12월 국민총력조선연맹 문화부와 선전부 위원으로 피선되었다.⁴(당시 '국어'는 일본어를 말한다 -필자)

친일의 길에 들어선 유진오의 행보는 거칠 것이 없었다. 일제는 중일전쟁에 이어 태평양전쟁을 도발하여 전시체제를 더욱 강화하면서 한반도를 병참기지화하고 지식인들을 동원하였다. 유진오는 그의 능력과 명성에 따라 여러 무대에서 활동한다. 1941년 2월 총독부가 주관하는 조선예술상 문학부문 심의위원, 8월 조선문인협회 상무간사, 9월 조선임전보국단 발기인, 11월 국민총력조선연맹 주최 지원병 독려 연설, 12월 경성방송국에서 시국작품을 낭독하고 11월에는 도쿄로 건너가 대동아문학자대회에 참가한다. 전세가 급박해지면서 그의 활동은 더욱 많아졌다.

1943년 2월 국민총력조선연맹 선전부가 주도한 국어문예작품 총독상 전형위원으로 활동했다. 4월 조선문인협회, 조선하이쿠排句협회, 조선센류川柳협회, 국민시가연맹의 네 단체가 조선총독부와 그 외곽단체인 국민총력조선연맹의 기획 아래 통합하여 새로운 관변단체인 조선문인보국회로 재편했을 때 상무이사로 선임되었다. 5월 일본 작가 가토 다케오 일행이 참가한 조선문인보국회 주최의 내선작가교환회와 6월 4일 가토 다케오를 중심으로 한 '전선全鮮시찰종합좌담회'에 참석했다.

8월 1일 국민총력조선연맹이 주최한 징병제 실시 감사기념주간 '문예와 미술전'에 육군특별지원병을 취재한 소설을 출품했고, 8월 4일 역시 국민총력조선연맹이 주최한 징병제 실시 감사결의 선양 '낭독과 연극의 밤'에 참가했다.

8월 16일 경성 중앙방송에 출연하여 도쿄에서 열리는 제2회 대동아문학자대회에 대한 기대를 토로했다. 8월 25일부터 9월경까지 도쿄에서 열린 제2회 대동아문학자대회에 참가했다. 11월부터 1944년 1월까지 조선문인보국회가 주관한 결전소설 및 희곡 현상모집의 심사위원을 지냈다.[5]

유진오는 각종 친일단체에 가담하고 많은 친일작품을 발표한데 대해 해방 후 반성하지 않았다. 그리고 본의와는 상관없이 총독부가 임의로 이름을 도용한 것처럼 발언하였다. 친일파들 대부분이 그런 식으로 변명했다.

1940년 8월 동아·조선 양지가 폐간된 두 달 후인 10월에는 '국민총력조선연맹'이란 것이 총독부의 손으로 날조되고, 그 간부 명단에는 모모하는 조선인 사회의 유력자의 이름이 빠짐없이 나열되어 있었는데도 누구 하나 성명서로 못 내고 속절없

이 당하는 수밖에 없었다. 본인의 승낙 같은 것은 물론 문제로
되지 않았다.

나는 아직 관록이 부족했던지 다행히 총력연맹 간부 명단에
는 들지 않았으나, 그 대신 조금 뒤에 역시 일방적으로 조직된
'조선문인보국회'에는 당당한(?) 간부의 한 사람으로 끼이게 되
었다.[6]

각종 강연이나 기고, 좌담 등의 발언이 아니라면, 친일단체의
명단에 '명의도용'은 이해할 부문이 될지도 모른다. 유진오의
친일행위는 더 이어진다.

1944년 1월 조선문인보국회에서 출진학도 입영 환송을 위
해 파견되었다. 4월 보성전문학교가 경성척식경제전문학교로
바뀐 뒤 교수 및 척식과 과장을 맡았다. 6월 18일 조선문인보
국회 소설부 회장이 되었으며, 같은 날 일본문학보국회가 주최
하고 정보국·육군성·해군성·대정익찬회 후원으로 도쿄에서 열
린 '문학자총궐기대회'에 참석한 뒤 21, 22일 이틀간 일본에 있
는 조선 농민과 병사를 위문했다.

8월 조선문인보국회가 주최한 적국항복 문인대강연회에서
「우리가 반드시 이긴다」는 연제로 강연했다. 1945년 1월 대화
동맹大和同盟의 처우감사총궐기 재성유지회동협회在城有志會同協
會 운동준비위원을 맡았다. 3월 경성척식경제전문학교를 그만
두었다. 6월 8일 조선언론보국회 평의원, 8월 조선문인보국회

평의원에 선출되었다.

유진오가 문학활동을 통해 적극적으로 주장했던 친일논리는 대동아공영권 건설이었다. 첫 번째 친일 글에 해당하는 「신질서 건설과 문학」(『삼천리』 1939년 7월호)은 '동아 신질서 건설'을 전면에 내세웠다. 「지식인의 표정」(『국민문학』 1942년 3월호)에서는 "난인蘭印(네덜란드령 인도네시아)이 이미 감정戡定되어 바야흐로 대동아공영권의 건설전이 시작되려는 지금, 따라서 동아 신문화의 건설이 초미의 급무로 요청되고 있는 지금, 조선의 지식인에게 부합된 임무는 무겁고 또 크다 아니할 수 없다. 종래의 무기력을 일척하고 웅대한 구상 아래 씩씩한 재출발을 하여야 할 때는 정히 지금이다. 생활태도의 적극화—조선의 지식인은 우선 이것부터 꾀하여야 할 것이다. 이것이 지식인을 취급한 소설 몇 개를 읽고 난 뒤의 결론적 감상"이라 하여 대동아공영권 건설에 조선의 지식인들이 참여해야 한다고 주장했다.[7]

유진오의 전쟁지원 행위는 조선 내외 신문·방송·잡지뿐만 아니라 일본까지 '진출'했다. 1942년 11월 6일치 『요미우리호치』 신문에 「대동아정신의 기초」라는 시론을 발표했다. 그는 동아의 나라 중에 서양문화의 장점을 받아들인 나라는 일본이고, 동양정신의 진수를 가장 순수한 형태로 보지保持하고, 금일 전 정력을 써서 타락한 서양문화를 되돌릴 수 있는 저력을 가진 나라는 일본이라고 진단하면서 "(우리 작가들은) 황국일본의 일

익으로서 일본정신, 일본문화를 아시아 전역에 전달해야 할 사명의 일단을 지고 있다."고 다짐했다.

유진오는 조선청년들에게 학병에 지원하라는 강연을 하고 글을 썼다. 「병력은 곧 힘이다」라는 글의 한 대목이다.

현하의 최대 문제인 내선일체도 또한 그러하다. 내선일체를 최종적으로 해결하는 것도 다른 사람이 아니라 조선인 자신인 것이다. 조선 사람이 지금 내지인과 다른 경우에 처해 있는 것이 사실이라 하면 그것은 조선 사람이 내지인에게 지지 않는 힘을 가짐으로써 비로소 해결될 것이다. (…) 이번 특별지원병 제도는 조선 사람에게 이러한 힘을 주는 것이라고 나는 생각한다. 병역이 단순한 의무가 아니라 특전이라는 것은 이런 의미에서 용이히 이해될 것이다.[8]

강연 "우리가 반드시 승리한다"

일제 말기에 이르면서 시대적 광기가 더해가고 유진오의 친일발언의 농도도 더욱 심해졌다. 1944년 8월 17일 적국항복 문인대강연회에서 「우리가 반드시 승리한다」는 제목의 강연을 했다. 여기서 '우리'는 물론 일제를 말한다. 이 내용은 『신시대』 1944년 9월호에 실렸다.

우리가 반드시 승리한다

대동아전은 이미 최후에 돌입하고 말았습니다. 이 전쟁이 이미 3년, 지나사변 이래 자玆에 7년, 아니 미영이 동아의 침략을 시작하여, 이미 수세기에 걸친 장구한 전쟁의 최후의 막이 이제 바야흐로 닫혀지려고 하는, 실로 역사적인 숨 막히는 순간입니다. 중대한 순간입니다. 그리하여 전쟁의 귀추는 이미 명백한 것입니다. 침략자와 자기 방위자의, 부정자不正者와 정의자正義者의, 세계 제패의 야망에 붙들린 자와 인류 상애의 이상에 불타는 자의, 일언이폐지하면 악마와 신의 싸움인 것입니다. 정의는 태양과 같고, 사악은 흑운과 같아서, 구름은 마침내 태양의 적이 될 수 없는 것입니다. 우리는 정의이며 정의자가 일어설 때 그 승리는 명백한 것입니다. (…)

생각하면 역사발전의 법칙은 아이러니컬한 것입니다. 아시아의 오래된 쇄국의 기간에, 기계문명의 이기를 갈고 닦아 신대륙을 약취하고 아프리카를 분할하고, 인도를 정복하고, 드디어 아시아의 중심에까지 침략의 조아爪牙를 뻗쳐 온 앵글로색슨은 그 사려 깊은 타산에서 우선 아시아의 거세를 시도하여, 아시아의 각국에 개국을 강요하고, 종교를 강매하고, 자기문화의 이식을 기도한 것이었습니다만, 결과는 도리어 희망한 대로 되지 않았던 것입니다.

그들이 간단한 빤히 들여다보이는 문화의 가면을 내세워 아프리카의 침략에 착수했을 때, 벌거벗고 생활하면서, 근심 없고 순박한, 아프리카의 사람들에게 옷을 입는 법을 가르쳤던 것입니다. 그것은 과연 문화적이기는 하였겠지요. 그러나 그 결과는 자기들이 만든 옷을 팔고, 옷을 입혀서는 노예로서 본국에 팔았던 것입니다. 아시아는 그렇게는 되지 않는다. 아시아에게는 아시아로서의 문화가 있었다. 그러니 쉽사리 성과가 오르지 않는다. 아시아는 쇄국의 오랜 역사로부터 눈뜨자마자 맹렬히 그들의 문명을 수입하였습니다.

아프리카인의 옷과 같은 눈에서였을지도 모릅니다. 그러나 아시아는 아시아 문화의 눈으로써 본 것입니다. 이리하여 결과는 도리어 아시아의 각성을 촉발하여, 스스로의 묘혈을 판 것과 마찬가지가 되고 만 것이었습니다. 아시아가 자각하려는 그 순간, 그들은 침략을 위해 일어섰다. 그리고 그 순간을 놓쳐 버리는 한 간단히 끊어 버릴 수 없음을 아는 아시아는 대동아전으로써 구체적으로 각성했던 것입니다. 스스로 뿌린 종자의 수확은 스스로 거두어들이지 않으면 안 된다는 것은, 운명의 법칙이라는 것입니다.

그렇지만 이제야말로 우리는 그들 앵글로색슨의 침략 앞에, 아시아는 최초부터 현명하지는 못했다는 것을 분명히 기억하면서 착수하지 않으면 안 될 것입니다. 적 침략의 수단은 그토록 간단한 것은 아니고, 아시아 각성의 길은 그토록 탄탄한 것은 아니었던 것입니다. (…) 아시아의 각성은, 그러나 오늘날 다만 일본만이 아니라, 아시아 10억의 민중 사이에서 해일처럼 팽배하여 일어난 것입니다. 미영의 달콤한 유혹에 팔려서, 그리고 아시아 부흥의 대역大役을 일본의 손에서 탈취하고 싶은 소승적 자아에 사로잡혀 있는 중경重慶이라고 할지라도, 이 역사적 운명의 예외일 수는 물론 없는 것입니다. 아메리카에서 명성을 얻는 임어당의 최근의 연설을 본다면, 이러한 중경인重慶人의 숨은 심리의 일단이 알 수 있게 되겠지요.

중경이 지금에 와서 오히려 집요한 항전을 계속하고 있는 것은, 다만 국민에 대한 체면과 과거의 타성 때문 그 외의 다른 이유가 없는 것입니다. 미구에는 아시아 본연의 자세로 돌아가지 않으면 안 될 운명에 있습니다. 요는 미영을 격멸하는 한 길이 있을 뿐입니다. (박수)

이 중대한 시기를 당하여 고이소 내각이 '대화일치大和一致'의 큰 깃발을 내건 것은 실로 나의 하고 싶은 말을 대신한 것입니다. 필승의 요체는 천天의 시時가 아니요, 지地의 이利가 아니며, 인人의 화和에 있음은 고래의 철칙으로 하는 바입니다. 인人의 화和를 얻으면 세인世人 모두 이에 편을 들며, 이를 잃으면 친척도 또한 배반하는 것이 아니겠습니까. (박수) 1억 대화大和, 최후의 돌격을 향하여 매진할 것입니다. (…) 대화일치, 이것이 전쟁에 승리하는 요체라고 생각하는 바입니다. (…)

전쟁은 이미 우리의 것입니다. 왜냐? 우리는 이 싸움에 반드시 이기지 않으면 안 되기 때문입니다. 여러분! 필승의 신념은 단순한 맹신을 말하는 것은 아닙니다. 실로 이 같은 필승의 이치를 자각하고, 대화일치, 서로 힘차게 최후의 단계를 돌파하여 가자고 말씀드리는 바입니다. (박수)[9]

소감(전쟁 3주년에 대한)

유진오는 1940년 2월호 『삼천리』 잡지에 일문日文으로 「소감」을 썼다. '성전' 즉 태평양전쟁 3주년을 맞아 문화인들의 책임이 크다는 내용이다. 그는 종국에는 일본어를 사용하여 전쟁 협력의 글을 썼다.

어느덧 성전聖戰 만 3주년을 맞이하게 되었습니다. 저 먼 대륙의 오지에서 모든 고통과 맞서서 싸우며 혁혁한 무훈을 세운 황군皇軍 장병 여러분에게 삼가 감사와 경의를 바치고자 합니다.

돌이켜보면, 이 3년간 사변事變은 당초 우리들이 상상치도 못했던 웅대한 규모로 발전한 것입니다. 그리고 사변은 지금 단순히 장蔣 정권(중국 장제스 정권-필자)의 타도라고 하는 소극적인 것이 아니라 동아 신질서의 건설이라는 적극적인 것을 목표로 삼게 되었습니다.

사변을 단지 소극적인 것으로, 군사적인 것으로 한정시켜 버린다면 저희 문화인은 단지 일 국민으로서 시국에 협력하는 데 그치고 말 것입니다.

그러나 반대로 사변을 적극적인 것으로까지 발전시켜 보면, 저희들은 일 국민으로서만 아니라 더 나아가 실로 문화인으로서의 막중한 책무도 지고 있음을 생각하지 않으면 안 됩니다. 무릇 동아 신질서의 건설은 또한 동아 신문화의 건설이기도 하기 때문입니다.

어떻게 하여 동아 신문화를 건설할 것인가, 어떻게 하여 동양의 오랜 전통을 새로운 규모 아래 건설해 낼 것인가. 대단히 막막하고 곤란한 과제이긴 하지만 지금 저희들 조선에서 자란 사람은 조선이라는 특수성 때문에 또한 이중으로 과제를 짊어졌다는 것을 깨닫지 않으면 안 됩니다.

성전 3주년을 맞이하면서, 저는 저희 문화인들의 책무가 크고 막중하다는 사실을 통감하게 됩니다.[10]

평론 '지식인의 표정' 발표

유진오는 1942년 『국민문학』 3월호에 평론 「지식인의 표정」을 발표했다. 초기에 속하는 소설에서 주로 지식인 문제를 다뤄온 그가 일제 말기에 다시 지식인 문제에 관심을 보인 데는 굴절된 자신의 처신을 변명하려는 의도도 섞인 것 같다. 몇 대목을 살펴본다.

위대한 행동의 시대.

이지理知로써 미처 꾸릴 새 없이 다음다음 계속되는 거대한 사실의 폭발.

이러한 시대의 폭풍 밑에 종래 창백한 면모와 연마된 이지로써 그 특징을 이루고 있는 지식계급은 어느 한편 구석으로 볼

러 들어가버렸거나 그렇지 않으면 자기 자신을 해소해 버린 것이라고 해석함은 나의 성급한 독단일까.

사상적 전향을 할 때에는 낡은 것을 말갛게 청산하고 출발점으로부터 다시 나오라고들 흔히 말한다. 옳은 말이다. 그러나 주의할 것은 말갛게 청산해야 하는 것은 사상적 잔재요, 이미 습득한 기술이나 지식이 아니라는 점이다. 모처럼 시간과 노력을 들여 습득한 이런 것들을 그대로 내버리는 것은 불필요한 뿐 아니라 무의미한 일이다. 박태민은 로서아어 잡지를 불사를 것이 아니라 그곳에 실렸다는 백계시인白系詩人의 작품을 연방 번역이라도 해야 할 것이 아닌가.

그것은 좌우간에 이 작품에서는 주인공의 사상적 전신의 정체가 똑똑히 추구되어 있지 않기 때문에 이 작품은 정치적으로 상당히 첨예한 각도를 취하고 있는 것이면서도 결과에 있어서는 도리어 문단적인 인상을 농후하게 준다.
다시 말하면 이 작품에 나타난 지식인은 어느 누구보다도 결연히 행동 면으로 나서기는 했으나, 그의 행동은 행동인의 행동같이 생활적인 행동이 못되고 여전히 문단적 테두리 안에 머물러 있다는 점에서 역시 옛날 지식인의 면모를 완전히 벗었다고는 말하기 어렵다.
나는 박태민이 하루바삐 토끼도 잡고 방공연습도 하고, 때로는 바이코프 같은 사람의 씩씩한 소설도 번역해 주고 하기를 바라는 자의 한 사람이다.

난인蘭印이 이미 감정戡定되어 바야흐로 대동아공영권의 건설전建設戰이 시작되려는 지금, 따라서 동아신문화의 건설이 초미의 급무로 요청되고 있는 지금, 조선의 지식인에게 부합된 임무는 무겁고 또 크다 아니할 수 없다.

종래의 무기력을 일척—擲하고 웅대한 구상 아래 씩씩한 재출발을 하여야 할 때는 정히 지금이다. 생활태도의 적극화—조선의 지식인은 우선 이것부터 꾀하여야 할 것이다. 이것이 지식인을 취급한 소설 몇 개를 읽고 난 뒤의 결론적 감상이다.[11]

김동리와 '순수' 논쟁

유진오는 1939년 작가 김동리와 '순수' 논쟁을 벌여 전시조선 문단에 화제가 되었다. 사달은 유진오가 『문장』 1939년 6월호에 「'순수純粹'에의 지향-특히 신인작가에 관련하여」를 발표하면서였다. 이에 대해 김동리가 같은 지면 8월호에 「'순수' 이의-유씨의 왜곡된 견해에 대하여」라는 반론을 쓰면서 논쟁이 벌어졌다. 유진오가 반론을 쓰고 김동리가 재반박을 하면서 논쟁은 가열되었다.

논쟁을 불러일으킨 글에서 전문이 아닌 일정한 부분을 인용하는 것은 문제가 있음을 감안하면서, 우선 유진오의 「'순수'에의 지향」한 대목이다.

어떠한 '생각'을 육체적으로 자신 속에 양성함이 없이 오직 신기한 표어를 좇아 헤매는 평가를 우리는 흔히 보는 것이며, 그럴 때마다 그런 유의 비평을 혐오하게 되는 것은 당연한 노릇일 것이다. 그러나 이런 유의 비평을 거부함은 결코 '생각' 그 자체의 거세와 동의어가 아닐 것이다. 비평이 문단을 영도하던 때 문학적 역량의 수련을 등한시하는 폐단이 있었다 하면 문단의 주류가 상실된 오늘, 또는 일부의 작가가 생각은 멸망되었다고 생각하는 오늘, 문단에 나타나는 것은 비열한 야유요 길드적 사제관계요, 악질의 문단정치다. 이러한 악경향의 맹아를 우리 문단에서 벌써 봄은 또한 나의 그릇된 인식일까.

하여간 나는 일개 문단인으로서 문학에 있어서의 '순수'라는 것을 생각하기 요새보다 더 절실한 적이 없다.

순수란 별다른 것이 아니라, 모든 비문학적인 야심과 정치와 책모를 떠나 오로지 빛나는 문학 정신만을 옹호하려는 의연한 태도를 두고 말함이다. 문단의 사조가 전면적으로 혼돈 속에서 헤매고 있을 때 문학인-지식인의 긍지와 특권을 유지 옹호해 주는 것은 오직 순수에의 정열이 있을 뿐이다.

이에 대한 김동리의 1차 반론이다. 역시 한 대목만을 인용한다.

"하여간 나는 일개 문단인으로서 문학에 있어서의 '순수'라는 것을 생각하기 요새보다 더 절실한 적이 없다. 순수란 별다른 것이 아니라, 모든 비문학적인 야심과 정치와 책모를 떠나 오로지 빛나는 문학 정신만을 옹호하려는 의연한 태도를 두고 말함이다." 운운.

과연 그렇다. 이것이야말로 오늘날 진실한 신인 작가들이 씨에게 외치는 말―그것은 추상적 이론이나 잡문으로서가 아니라, 창작으로서―이다. 가재가재可哉可哉. 이 '순수'야말로 이미 진실한 신인작가들이 확연히 획득한 자기들의 세계요, 30대 작가들의 '모든 비문학적인 야심과 정치'주의에 분연히 대립하는 정신이며, 그에 도전하는 정신이다.

씨에게 묻노니, 작품(창작)을 주로 한 문단 현실로 보아, 이 '순수에의 지향'이란 말은 신인 작가들이 씨 등에게 외치고 있는 말인가, 씨 등이 일테면 신인 작가에게 충고하는 말인가.

이제 씨와 나와 양자 중 어느 하나는 체면상 '파렴치한'이 되어야 할 형편에 이르렀다. 왜 그런고 하니, 씨가 해일문에서 비열한 욕과 조소로 공격의 대상으로 삼은 그 신인 작가들이 자초부터 포지하고 있는 문학적 의견(이데의 뜻)과 바로 씨의 해일문의 긍정적 결론 즉 순수에의 지향이란 것―이 합치하다는 점이다.

생각건대, 씨는 아마 진실한 신인 작가들의 우수한 작품들을 대부분 읽지 않고,―이것은 씨의 다른 문장에서도 이미 나타난 일이 있었다―주로 그들의 잡문을 몇 토막 읽고 난 나머지

성급히 곡해를 해 버린 것임에 틀림없으리라. 이제 씨가 가령 허준 씨의 「야한기夜寒記」쯤을 읽어 본대도, 자기가 지금까지 신인에 대하여 얼마나 허황한 요설饒舌을 벌여 놓았는가 곧 깨달을 것이다.

「야한기」의 성패를 말하는 것이 아니다. 성패로 따지어 해작이 오히려 실패작에 가깝다 하더라도 그 태양같이 눈부시고, 대하같이 도도한 문학 정신 앞엔 스스로 옷깃을 바로잡을 것이다. 씨는 일찍이 조선문학사상에서 이만큼 정정당당하게 정면으로 인간을 취급한 작품을 보았는가. 이와 같이 너르고 웅장한 작품적 세계를 보았는가.[12]

유진오는 일제 말기 각종 친일 발언과 글을 쓰고 친일단체에 가담하면서 지식인의 본분과 민족적 지절을 지키지 못하였다. 그러면서도 창씨개명을 끝까지 하지 않았고, 1945년 3월 말 보성전문의 교수와 학과장직에서 물러나 퇴계원 소개지로 물러나 그곳에서 8·15 해방을 맞았다. 극렬한 친일파들과는 다른 모습이었다.

그는 뒷날 보전(보성전문) 시절의 회고록을 쓰면서 "보전 생활을 되씹어보니 한마디로 그저 지지부레하기만 하다. 처음 보전에 참가할 때 가졌던 젊은 의욕과 포부는 하나도 성취된 것이 없이 나의 보전 시절은 수난과 좌절, 인종과 굴욕의 끝없는 연속에 지나지 않았음을 새삼스럽게 느꼈다."고 술회하면서 한마디를 덧붙였다. "죄는 본래 안 되는 일을 하려는 데 있었다 하겠지만, 안 되는 일인 줄 알면서도 안 할 수 없었던 데야 어찌하랴."[13] 유진오는 앞에서 소개한 바 있는 인평대군 이요의 시를 인용하여 심회의 일단으로 삼았다.

5장

해방공간의 활동

해방정국, 분단과 이념 대결로 변질

유진오의 이념적 지표는 경성제대와 보성전문대 시절에는 좌파, 일제 말기에는 친일파, 해방 후에는 우파의 길을 걸었다. 그 시절 힘겨웠던 시대상황의 영향도 있었겠지만, 응집되지 못한 신념의 박약성이 크다고 할 것이다. 그는 우파 지식인의 맹장으로서 대한민국 헌법제정에 크게 기여한다.

지식인은 시대정신Zeitgeist의 구현자여야 한다. 어느 시대를 막론하고 그 시대에는 시대정신이 있게 마련이고, 시대정신을 찾고, 의미와 가치를 부여하고 행동하는 것이 지식인의 역할이며 존재가치다.

헤겔은 지식인의 역할을 '미네르바의 부엉이'에 비유하면서 지혜의 여신 미네르바는 한낮이 끝나고 어둠이 짙어지면 행동하기 시작한다고 하였다. 지식인을 관념의 소유자, 즉 참여나 행동보다는 뒤처리나 하거나 해석하는 부류로 평가절하하였다. 그러나 이러한 헤겔의 주장은 지식인의 본질을 꿰뚫지 못했고 그 기능을 제대로 분석하지 못한 발언이다. 지식인이 시대정신에 충실하지 않는다면 그것은 진정한 의미의 지식인이 아니라 '지식 기능자'이거나 '지식 판매자'일 뿐이다.

인류사는 깨어 있는 소수의 지식인, 올곧은 창조적 지식인들에 의해 발전해 왔다. 그들은 전제권력과 봉건적 인습, 무지몽매와 싸우면서 진실과 정의와 자유를 쟁취하는 데 희생을 아끼지 않았다. 당대의 시대정신을 찾고 지키는 데 끔찍한 고통과 수난을 피하려 하지 않았다. 이들의 희생으로 역사는 발전하고 자유와 평등을 추구하는 사회가 열리게 되었다. 일제강점기에 한국 지식인들의 시대정신은 민족해방투쟁이었다. 그러나 다수의 지식인들은 왜적 통치를 받아들이면서 부끄러움을 모르는 채 민족 반역의 길을 걸었다. 당연히 부귀와 영화가 따르고, 유산은 자손들에게까지 이어졌다. 반면에 소수의 비판적 지식인들은 민족해방의 깃발을 들고 항일전선에 뛰어들었다. 당연히 고난이 따르고 후손들에게는 영락零落이 유산으로 남겨졌다.

밀로반 잘라스는 '신계급'을 논하면서 자기가 참가했던 혁명이 새로운 독재와 새로운 귀족계급을 탄생시키는 방향으로 반동화하자 단호한 태도로 그들과 결별하고 추상같은 비판자로 나섰다. 가혹한 형벌이 따르리라는 것을 충분히 예상하면서 그 길을 택한 것이다. 이것이야말로 비판 지식인의 전형이다.

베토벤은 나폴레옹에게 바칠 영웅교향곡을 만들었다가 그가 권력에 눈이 멀어 황제에 취임하자 가차 없이 찢어버리고 교향곡을 다시 만들었다. 이것은 참 지식인의 용기이다. 공자는 위나라의 영공靈公이 환자宦者와 같은 수레를 탔다는 이유만으로 위나라를 떠나서 진나라로 갔다고 한다. 이것은 지식인의 도덕성이다.

조담趙談이 천자와 같은 수레를 탔다고 해서 원사遠絲는 얼굴빛이 변했다고 한다. 이것은 지식인의 순수성이다. 토크빌은 나폴레옹의 쿠데타에 반대하여 그에 대한 고발장에 서명한 후 스스로 감옥행을 택했다. 이것은 지식인의 신념이다.[1]

8·15 해방은 유진오를 비롯하여 부일협력자들에게 정체성의 혼란을 가져왔다. 엊그제까지 '내선일체'와 '귀축영미'를 떠들던 사람들이 해방군(점령군)으로 나타난 미군정체제는 낯설고 이질적이어서 받아들이기 어려웠다. 하지만 이들에게 '정체성의 혼란'은 쉽게 사라졌다.

외세가 가른 남북분단이 이념적으로 대립하면서 친일반민족행위는 '지나간 일'로 묻혔다. 협력자들은 여전히 해방공간의 주역이 되고, 친일의 깃발을 들었던 손이 어느새 친미·반공의 구호로 바뀌었다. 남북분단과 외국군정은 그들에게 면죄부를 안겨주고 좌우 이념대립을 신분세탁의 호기로 삼았다. 독립운동가와 친일행위자로 분류되어야 할 해방공간이 찬탁과 반탁, 친미와 친소, 반공과 친공의 대결장으로 바뀐 것이다.

여기에는 자력으로 해방을 쟁취하지 못한 원인과 함께 일제 35년 동안 각 분야에서 기득권층으로 자리 잡은 막강한 친일세력의 영향력, 그리고 이들을 한국 통치의 관리집단으로 끌어안은 미국의 책임이 크다.

해방 직후 문학계는 계파에 따라 활발한 움직임을 보였다. 가장 발빠르게 움직인 것은 좌익계열이다. 이들은 조선프롤레타리아문학동맹을 결성하고, 전국문학자대회를 열었다. 이에 맞서 우익 측에서는 전조선문필가협회를 결성하고 전국문화단체총연합회를 구성하였다. 중간파에서는 문학동맹과 전조선문필가협회의 해체를 제안하는 등 통합의 길을 모색하였다.

유진오는 "8월 16일 새벽에 문학단체에 동참하라는 임화의 부탁을 받고 문인들의 회합에 나갔다가 이태준 등의 항의를 받고 쫓겨났다. 이후 작가의 길을 접고 교육과 법학자·관료의 길로 나섰다."[2]고 한다.

그리고 곧 보성전문으로 복귀하였다. "좌익계에서 경성대학의 총장직을 맡으라, 문학가동맹 위원장을 맡으라, 인민공화국의 헌법을 초안해 달라고 하는 갖은 요청을 모조리 거절하고 오직 학문에만 골몰"[3]했다는 것이 유진오가 1972년 7월 14일 한 언론인과 인터뷰에서 말한 내용이다.

한민당과 미군정에 참여

유진오는 김성수가 주역이 된 한국민주당(한민당) 창당의 발기인으로 참여한다. 1945년 9월 16일 천도교기념관에서 발기인 1,000여 명으로 조직된 한민당은 충칭임시정부 절대지지와 조선인민공화국 타도를 내세우며 우익 보수정당으로 창당되었다. 일제강점기 지주와 관료 출신들이 중심이 된 한민당은 송진우를 수석총무로 선출하였으나 실세는 김성수였다. 송진우가 암살된 후 김성수가 그 자리를 맡았다.

유진오는 이와 함께 이승만 지지단체인 독립촉성국민회에도 관련을 맺는 등 좌익진영과 결별하고 우파정당·정파에 참여한다. 그러나 당직을 맡지는 않았다.

유진오는 이즈음 오랜 친구 최용달과 만났다. 그는 여운형의 건국준비위원회에서 활동하면서 박헌영과 함께 건준을 인민공화국으로 바꾸는 작업을 하고 있었다. 오랜 동지 최용달과 결별하게 된 과정을 유진오는 생생하게 기술한다.

어느 날 나는 명륜동 김해균 씨 집(당시 박헌영 중심의 공산주의자들이 모이던 장소임)으로 가서 최용달에게 면회를 청하였다.(…)

인사 끝에

"자네들이 정부를 조직한다는 소문이 들리는데 사실인가."

물어보았더니 사실이라는 대답이다.

"그러나 그러면 말썽이 나지 않을까. 내가 보기에는 우리나라의 혁명세력에는 여러 가지 갈래가 있는데 우선 국내에 있는 세력과 중경 임정세력, 거기다가 연안에 있는 세력, 그리고 미국이나 소련에도 또 무엇이 있지 않겠나, 그렇다면 그 모든 세력이 국내로 모이기를 기다려 원만한 협의 후에 임시정부라도 조직해야 할 것 같은데, 총선거는 그 후에 한다 하더라도."

그랬더니 그는 다짜고짜

"자네는 진리에 둘도 있고 셋도 있다고 생각하나?"

하였다.

"진리야 하나밖에 없겠지."

"그러면 우리가 그 하나밖에 없는 진리의 노선을 따라 정부를 조직하는데 무슨 말썽이 있나. 국외에 있는 사람들이 돌아온다고 진리가 둘도 되고 셋도 되겠나?"

"객관적인 진리는 하나밖에 없겠지만, 그 진리를 진리라고 모든 사람이 승복하게 되기까지에는 어려운 과정이 있지 않겠나?"

"진리 아닌 것을 진리라고 주장하는 자에게는 몰락의 길이 있을 뿐이지!"

단호한 최 군의 언명에 나는 더 할 말을 생각해 낼 수가 없다. '이것이 정치라는 것이로구나', '이것이 혁명이라는 것이로구나' 나는 평생에 처음으로 그러한 것들을 실감으로 느꼈다. 동시에 최 군과는 인제는 영영 의사를 소통할 수 없는 사이가 되었구나 생각하였다.[4]

유진오와 최용달의 결별은 "해방공간에서 우리 헌정사를 갈라놓은 비극을 대변한다 할 것이다. 이후 유진오는 남한의 헌법을 기초하고, 최용달은 북한 헌법 제정에 참여하게 되니, 그 두 인생의 엇갈림은 곧 한민족 역사의 분열이었다."[5]

유진오는 1945년 10월 미군정청의 조선교육심의회 위원으로 들어갔다. 미군정과 밀착한 한민당은 1945년 9월 22일 중앙집행위원회에서 "명망과 식견을 구비한 인사로서 중앙위원회를 조직하여 행정과 인사에 자문케 할 것"을 결의하고, 군정청에 건의한 것이 받아들여졌다.

미군정 하지 사령관은 이에 앞서 11명의 행정고문을 임명했는데, 이 중 한민당 소속 인사는 고문회의 위원장이 된 김성수를 비롯하여 송진우·전용순·김동원·김용무·강병순·이용설 등이었다. 또 한민당 총무 조병옥이 경무부장에 임명되고 수도경찰청장에 장택상이 임명되는 등 미군정에 한민당 인사들이 요직을 차지하였다. 이들 이외에도 대법원 대법관 노진설, 검사총장 이인, 경무부 공안국장 함대훈, 외무처장 문장옥, 문교부장 유억겸 등이 한민당 소속이었다.

또 지방행정기관에는 경기도지사 구자옥, 충남도지사 박종만, 경북도지사 최희송, 대구시장 이경희, 광주시장 서민호 등도 한민당 출신으로, 미군정의 중앙과 지방조직은 사실상 한민당 인사들로 구성되다시피 했다.

유진오가 속한 조선교육심의회 위원에는 백낙준·김준연·김원규·이훈구·유억겸·최두선·이강원·현상윤·백남훈·이극로·송석화·서원출·조병옥·김성수·장덕수·최현배 등이다.[6]

조선교육심의회에 참여한 유진오는 보성전문에 이어 경성대학 법문학부 교수를 겸직하고, 1945년 11월 미군정청 학무국 산하 교육심의회의 고등교육분과위원회에서 대학령·학위령 등 향후 우리 대학 교육의 근간이 되는 법령의 초안을 작성했다.

유진오는 해방과 함께 이념적 지향을 확고히 하였다. 최용달과 결별, 한민당의 발기인, 미군정 참여 등 반공노선을 분명히 하였다. 해방 다음 날 좌익문인 집회에 참석했다가 임화로부터 수모를 당하기도 했지만, 그는 초기부터 공산주의에 유보적인 태도였다는 분석이 있다.

사실 유진오의 공산주의에 대한 인식은 초기부터 유보적인 데가 있었다. 그는 일기에서 '노동가치설'에 대해 의문을 표하기도 하였고, 맑시즘의 공식의 간단명료함에 찬탄하면서도, 그것이 옳은지 그른지는 판단할 수 없음을 시인하기도 하였다.

유진오가 공산주의와 멀어진 구체적 계기로 1937년 앙드레 지드의 『소련 방문기』를 들 수 있다. 유진오가 '동반자 작가'였듯이, 지드 역시 '동반자 작가'였다. 지드는 자본주의의 천박함과 비인간화에 좌절하고 공산주의의 이상에 희망을 걸었던 것이다. 지드는 1936년 고리키를 조문하기 위하여 소련을 방문하였다. 공산주의의 놀라운 성취에 감격해 마지않으면서도, 동시에 깊은 회의를 안고 돌아왔다.

지드가 보기에 소련의 가장 큰 결함은 '인간성의 무시', '비판적 정신의 결여', '획일주의, 비개성화'였던 것이다. 그리하여 "한 사람의 러시아인과 이야기를 하면 러시아인 전체와 이야기한 것과 마찬가지"였던 것이다.[7]

6장

각계로부터
제헌헌법 초안
의뢰 받아

문학에서 헌법기초자로 변신

바야흐로 유진오의 일생에서 가장 보람 있는, 생애에서 하이라이트의 시대가 열렸다. 비록 반쪽 상태이나마 남한에서 단독정부 수립론이 가시화되고 있었다. 해방과 함께 보전의 교명이 고려대학으로 바뀌고 유진오는 1946년 9월에 교수 겸 정법대학장으로 취임하였다. 이보다 앞서 변호사 시험 출제위원에 위촉된 바도 있다.

해방은 유진오를 정치무대 위로 끌어들였고 그도 기꺼이 부응했다. 당시 유진오는 독보적인 헌법학자로 주목받았고, 좌우의 여러 정파로부터 신국가의 헌법 초안 작성을 부탁받았다. 헌법학자로서의 정치적 영향력을 실감할 수 있었다. 문학은 이제 들어설 자리도 없었고, 굳이 문학에 헌신해야 할 하등의 이유도 없었다.

이후 소설가·문인 유진오의 자취는 점차 사라져간 반면에, 정치인 유진오의 모습이 드러나기 시작했다. 그는 고려대학교 법

과 교수로 재임하면서 대한민국 헌법의 초안작성에 참여한다.[1]

미군정은 1946년 군정법령 제118호로 남조선과도입법의원
(입법의원) 설치령을 반포하고, 이에 따라 12월 민선의원 45명과
관선의원 45명으로 '입법의원'을 구성했다. 미군정기에 임시 입
법기관의 역할을 하는 기관이다.

미군정은 이와 더불어 1947년 2월에 민정이양까지 과도정부
의 역할을 위해 남조선과도정부를 수립했다. 제1차 미·소공동
위원회가 결렬되자 미군정이 좌우합작운동을 뒷받침하기 위해
입법의원과 함께 설치한 기관이다. 안재홍을 민정장관에 임명
하고 8부 6처를 두는 등 정부의 모양새를 갖추었다.

이들 기관을 소개하는 데는 이유가 있다. 여기서 과도적 헌법
안이 구상되었기 때문이다.

군정 법률고문이자 사법부장을 역임한 에머리 우달이 그 실
무책임을 맡아 「조선헌법」안을 작성했다. 그가 남긴 문서에 따
르면, 이 헌법안과 남조선과도입법의원에서 기초한 일부 법안
은 미군정과 한국 정치지도자들의 협의하에 이루어졌다.

이후 남조선과도입법의원의 우파와 중도파 양측도 헌법 초안
을 제출하였다. 우파의 헌정구상인 「남조선과도 약헌」은 이승
만의 남한단독정부 수립구상을, 중도파의 「조선민주임시약헌
초안」은 김규식 등 좌우합작위원회의 정부수립구상을 대변하
는 것이었다.[2]

해방 후 우리나라에서 처음으로 헌법 초안이 마련된 것은 미군정의 법률고문이면서 사법부장을 역임한 에머리 우달의 지휘 하에 만들어진 「조선헌법」과 중도파 김규식 등의 「조선민주임시약헌 초안」이 처음이다.

「조선헌법」은 제1조 인민의 권리, 제2조 정부권력의 한계, 제3조 행정기관(22절로 구성), 제4조 입법기관(12절로 구성), 제5조 사법기관(2절로 구성), 제6조 발효(1절로 구성) 등 총 6조 37절로 구성되어 있다. 제1조 인민의 권리는 미국의 헌법 수정조항 제1조(종교, 언론, 출판, 집회의 자유 및 청원의 권리)와 유사하며, 제2조 정부권력의 한계 또한 미국헌법 수정조항의 제1조(국교창설 금지), 제3조(군인의 숙영), 제5조(형사사건에서의 권리), 제6조(공정한 재판을 받을 권리), 제8조(보석금, 벌금 및 형벌 관련) 등의 내용을 담고 있다(고려대학교박물관 2009, 20면).

이 헌법의 정부형태는 혼합 형태이다. 대통령과 부통령은 의회에서 선출되며(제2조 제2절), 의회는 대통령을 불신임할 수 있으나(제3조 제4절, 제4조 제6절) 대통령 또는 국무회의의 의회 해산권은 규정되어 있지 않다. 특히 [조선헌법]은 대통령·부통령 등의 행정기관, 그리고 입법기관, 사법기관의 권한과 책임을 규정한 외에 행정기관 및 의회의 구성 및 운영에 관한 사항까지 포괄하고 있다는 점이 특징적이다.[3]

같은 시기에 김규식 등 중도파의 「조선민주임시약헌 초안」도 마련되었다.

「조선민주임시약헌 초안」은 총강, 국민의 권리·의무, 입법권, 행정권(대통령·부통령·국무원·국무회의, 국무총리·행정회의, 법제장관·감찰장관·고시장관, 행정각부 총장·차장, 지방행정·도장관, 문무관 임명), 사법권, 회계, 보칙 등 총 7장 67개 조문으로 규정되었다. 이 약헌안은 「남조선과도약헌」과는 달리—그 명칭에서도 드러나듯이—남북을 통한 임시정부 수립을 지향한다. 또한 국민의 권리·의무가 상세히 규정되어 있다. 정부형태는 의원내각제와 대통령중심제를 혼합한 형태를 취하였다.[4]

'입법의원'에서는 이 두 개의 헌법 초안을 단일안으로 만들어 1947년 8월 6일 「조선임시약헌」이란 이름으로 통과시켰다.

최종 통과된 약헌안은 총강, 국민의 권리·의무, 입법권, 행정권(정부주석·부주석, 국무회의, 법제위원장·고시위원장·감찰위원장, 지방제도), 사법권, 재정, 보칙 등 총 7장 제58조로 구성되었다.[5]

새 정부의 기초가 되는 헌법제정을 앞두고 우파나 중도파뿐만 아니라 좌파에서도 초안을 만들었다. '민주주의민족전선'(민전)은 대단히 진보적인 헌법안을 만들고, 여타 정치, 사회단체들도 여러 형태의 헌법안을 기초하고 여론의 추이를 살폈다.

미군정·한민당·이승만 측 헌법 초안 의뢰

헌법 초안과 관련 여러 곳에서 여러 가지 정부형태와 권력구조와 관련 논의가 무성했으나 여기서는 유진오의 역할 쪽에 조명을 하기로 한다.

유진오는 개인적으로 대한민국 제헌헌법의 기초를 맡은 행운아였다. 그러나 이 '행운'은 거저 주어진 것이 아니었다.

> 내가 헌법 강의를 계속하기는 해방 당시 벌써 18년이나 되었지만, 내가 헌법학을 정말로 열을 내 공부하기는 이 해방 후 수 3년 동안의 일이다. 해방이 되었으니 인제는 아무런 제약을 받지 않고 자유롭게 연구할 수 있게 되었다는 희망과 기쁨 때문임은 물론이지만, 특히 당시의 경성대학 법문학부에는 예전 국내, 국외 각지의 한다하는 대학에서 수학하던 학생들이 모여들었기 때문에 그들 앞에 외국 교수들보다 질이 떨어지는 강의를 들려줄 수 없다는 것이 나의 생각이었다.
>
> 모처럼 희망에 부풀어 동족 교수의 강의를 들어보니, 전에 들던 외국 교수들보다 시시하더라는 인상을 주어서는 안 되겠다는 생각이었다.[6]

일제강점기 '조선유일의 헌법학자'의 신분이었던 유진오는 해방 후, 개인자격으로 귀국했으나 여전히 임시정부의 타이틀을 달고 있었던 '임시정부' 측에서도 새나라 헌법기초위원의 일원으로 지목했다고 유진오는 회고한다.

> 헌법 기초에 관련하여 나의 이름이 들먹거려지게 된 것은 1945년 11월 말경 김구 주석을 비롯한 임시정부 요인들이 환국한 뒤의 일이다. 12월 어느 날 신문을 보니 임시정부 안에 헌법기초위원회가 조직되었다는 기사가 났는데, 위원 명단에 최동오·신익희 씨 등 임정요인의 이름과 함께 정인보 씨와 나의 이름이 있었다.
>
> 그러나 이 위원회의 회합에 나는 나가지 않았다. 정말로 헌법을 기초한다느니보다 임정계통의 정치운동에 가담하는 것으로 나에게는 생각되었기 때문이다. 정치운동도 중요하지마는 내가 당장 해야 할 일(대학의 강의)을 하기에도 시간이 바쁜 형편이었다.[7]

유진오는 임시정부 측에서도 기초위원으로 점찍을 정도로 '공인된' 헌법 전문가로 인식되었다. 다만 그가 여기에 참여하지 않은 것은 '대학강의'를 이유로 들었으나, 그는 그 시기에 이미 한민당의 발기인이고 미군정 기구에 참여하고 있었으므로 이 기록의 설득력은 약한 편이다.

이승만 측에서는 1945년 말 임정 내무총장 신익희를 중심으로 행정연구회를 조직하여 1946년 1월부터 3월 1일까지 헌법 초안을 작성했다. 신익희는 김구 주석이 분단정부 참여 거부를 선언하면서 이후 이승만과 합류한다. 이 기구에는 일제시대 고등문관시험 출신들인 윤길중·장경근·강병옥·황동준 등이 참여했다. "얼마 후 뜻밖에 나에게도 행정연구회 회원증이 송달돼 왔다. 나는 묵살하고 말았다."[8]라고 증언한다.

유진오는 또 좌익계인 '민전'에 참여한 경성제대의 동문 박문규와 이강국 등으로부터 헌법 초안의 기초를 의뢰받았으나 거절하였다.

유진오가 본격적으로 헌법기초 기관에 참여한 것은 1946년 6월 미군정청이 자문기관으로 남조선과도정부를 발족하고 과도정부 사법부 안에 조선법전편찬위원회(법전편찬위)를 설치할 때 위원으로 활동한 것이다. '법전편찬위'는 헌법기초분과위원회 '분과위원회'를 구성했는데 사법부장 김병로, 대법원장 김용무, 검찰총장 이인, 사법부차장 권승렬, 변호사 강병순 등이 멤버였다.

분과위원회는 회합 끝에 유진오를 헌법초안작성위원으로 지명했다.

　　며칠 후 나는 양원제, 내각책임제, 농지개혁, 기업의 자유를 전체로 한 통제경제(요새 말로 하면 혼합경제) 등 몇 가지 기본원칙을 구상해 가지고 제2차 회합에 나갔는데, 막상 토론을 시작하고 보니, 곤란한 점이 한두 가지가 아니었다.

　　강병순 씨만은 연배로 보나 경력의 비중으로 보나 나와 비슷하다 할 수 있었지만, 그 외의 위원들은 그때 모두 우리나라 법조계의 쟁쟁한 원로 대가들인데다가 나이도 나보다 훨씬 위이어서, 그분들과 대등하게 토론을 전개하기가 거북할 뿐 아니라 그때만 해도 헌법, 행정법이나 국가학, 정치학 등에 관해서는 일반이 깜깜하던 때이라, 법조계의 대선배들을 앞에 놓고도 나로서는 나의 의견을 그분들에게 이해·설득시키기가 여간 힘들지 않았다.[9]

유진오는 미군정과 행정연구회를 비롯하여 한민당의 김성수, 그리고 우여곡절 끝에 이승만 측으로부터 헌법기초를 제안 받았다. 그 과정을 약술한다. 먼저 김성수 관련이다.

어느 날 (3월 중순경, 1948년) 갑자기 김성수 씨가 부인과 함께 차를 타고 고려대학교로 나와서 나를 차 안으로 들어오라 하여, 한국민주당을 위해 헌법 초안을 기초해 달라는 것이었다. 어떻게 대답했으면 좋을까를 생각하며 잠깐 망설였더니, 김성수 씨는 내가 협력을 주저하는 것으로 알고, 농담조로 "헌법 공부를 무엇하러 하는 것이냐, 이런 때 써먹자고 하는 것 아니냐" 하였다.

나는 그런 것이 아니라 사실은 지금 법전편찬위원회를 위하여 헌법 초안을 작업 중인데, 한 몸으로 두 가지 초안을 작성할 수는 없는 노릇이니, 그것이 완성되거든 법전편찬위원회에 제출할 때에 김성수 씨에게도 한 벌 드리겠다 하였다. 씨는 그것도 그렇겠다 하였으나, 자기로서도 그 내용을 좀 알고 싶다 하여 2, 3일 중에 내가 찾아가기로 하여 헤어졌다.[10]

유진오는 약속대로 며칠 후 김성수를 만나 자신의 헌법 초안 요지를 설명하고 한민당 측의 의견을 들었다. 큰 줄거리에 일치함을 다행으로 여겼다고 한다. 다음으로 그해 4월 어느 날 신익희와도 만나 헌법 초안 작성을 의뢰받았다. 신익희는 당시 이승만을 총재로 하는 독립촉성국민회 부총재로서 행정연구회를 이끌고 있었다.

> 이번에도 나는 또 지난번 인촌(김성수)에 대해서 한 것과 마찬가지로 조건을 붙였다. 이승만·신익희 양씨의 부탁으로 헌법 초안을 작성하는 일은 하겠으나, 내가 작성하는 초안은 어디까지나 나 개인 또는 몇몇 사람의 초안이어야 하고, 어떤 특정한 단체, 더 분명히 말한다면 독립촉성국민회의 헌법 초안이어서는 안 되겠다는 것이다. 해공(신익희의 아호-필자)은 이를 쾌락하였다.[11]

황동준·윤길중 지원 받으며 헌법 초안 작성

유진오는 미군정을 비롯하여 한민당과 이승만 측 그러니까 해방정국의 3대 주도세력으로부터 각각 헌법 초안을 의뢰받은 것이다. 길고 잔혹한 일제의 식민통치로 인한 인재의 고갈상태가 빚은 현상이지만, 유진오 개인에게는 명예이면서 한없이 무거운 부담이었다. 유진오는 아직 제헌국회가 구성되기 전에 헌법기초의 책무를 안고 작업에 들어갔다.

    내가 실제로 책상 앞에 앉아 헌법 초안 작성에 착수한 것은 그해(1947년-필자) 겨울방학 때의 일이다. 착수하고 보니, 나 혼자 해내기에는 힘에 겨운 일이었다. 우선 초고를 몇 번이고 다시 써야 하는 것만 해도 큰 고역이었다. 그렇다고 비용을 들이어 조수를 쓸 수도 없는 형편이니 딱한 노릇이다. 그래서 그때 서울대학교에 재학 중이던 큰딸을 붙들어 더러 서역書役을 시키기도 하였다.

    헌법 내용에 이르러서는 더 말할 것도 없다. 그때 내가 참고로 한 것은 세계 주요 각국의 헌법전과 여러 학자들의 저서 외에,

「조선 임시 약헌」(1947년 입법의원에서 통과된 것)

「조선인민의 권리에 관한 포고」(1948년 4월 7일 하지 중장 포고)

「대한민국 건국강령」(민국 23년 11월 28일 임시정부국무위원회에서 공포한 것)

「The Constitution Of Korea」(과도정부 사법부 미국인 고문 우드월 안)

「조선 민주공화국 임시약법(시안)」(1946년 제1회 미소공위에 제출차 준비 되었던 민주주의 민족전선 측 시안)

「대한민국 임시헌법 안」(민주의원 안)

「1947년 제2회 미소공위에 제출된 자문 5, 6호에 대한 각

정당·사회단체의 답신」

「조선민주주의 인민공화국 헌법」(괴뢰정권 안)

「각 정당의 강령과 정책」[12]

유진오는 이와 같은 각종 자료를 바탕으로 헌법 초안의 작성에 들어갔다. 그러나 권력구조 부분에는 어느 정도 자신이 있었으나 국민기본권에 관한 부분은 형사소송법 등에서 지식과 경험이 없어 애를 먹었다고 토로한다.

그런 와중에 황동준·윤길중 두 사람을 만나 협력을 받게 되었다. 이들은 당시 과도정부입법의원 법무사로 있으면서 유진오의 헌법 초안 작성을 기꺼이 도왔다고 밝힌다.

이 두 분의 협력을 얻게 된 것은 나에게는 크게 도움이 되었다. 황동준 씨는 여러 나라의 입법례를 많이 조사해 주었고, 윤길중 씨는 이론을 명쾌하게 따졌다. 3월 하순의 어느 날 우리들은 청량리 내 집 뒤채 으스스 추운 내 서재에서 토론에 지쳐 간단한 술상을 놓고 잡담을 나누고 있었는데, 그때 안질로 한쪽 눈에 안대를 하고 있던 윤길중 씨가 내가 쓴 헌법 전문前文을 옛날 서당에서 한문책을 읽듯이 큰 소리를 내 낭독하면서 '명문이다!' 하고 무릎을 치던 광경이 지금도 눈앞에 선하다.[13]

유진오가 헌법 초안을 작성하고 있을 즈음 정국은 남한 단독선거 쪽으로 결정되었다. 미소공동위원회가 결렬되고 좌우합작운동도 이렇다 할 성과 없이 지체되면서 미국은 한국문제를 유엔으로 넘겼다. 1947년 11월 14일 제2차 유엔총회는 '유엔한국임시위원단'을 구성하고, 여기서 유엔감시하의 남북총선거를 가결하였다.

오스트레일리아·캐나다·중국·엘살바도르·프랑스·인도·필리핀·시리아 8개국으로 구성된 위원단이 입국하게 되었다. 그러나 소련이 38도선 이북지역의 입국을 거부하자 유엔은 소총회를 열어 "가능한 지역만에서의 총선거"를 가결하고, 이에 따라 38도선 이남에서만 선거를 실시하기로 결정했다.

이승만은 이에 앞선 1946년 6월 남한 단독정부 수립론을 제기하고, 김구·김규식 등 남북협상파는 이를 거부하면서 분단정권에 불참의사를 밝혔다. 미국의 강력한 방침에 따라 단독정부 수립안이 현실적으로 굳혀지고, 1948년 5월 10일 대한민국 최초의 국회의원 선거가 실시되었다. 유엔한국감시위원단의 감시하에 북위 38도선 이남의 지역에서만 실시되었다.

유진오안을 '원안'으로 헌법기초위원회에 넘겨

'5·10총선거'는 우리나라 최초의 총선거라는 의미와 함께 통일된 자주독립국가 수립은 좌절되고, 남북에 각각 체제와 이념을 달리하는 단독정부가 들어서 분단이 기정사실화되는 계기였다. 남한만의 단독선거를 반대·거부하는 운동이 전국 각지에서 일어났으며 제주에서는 4·3봉기로 두 개 선거구에서 선거를 실시할 수 없었다.

200명 정원에 제주 2석을 제외한 198명이 당선된 총선에서 당선자의 소속은 대한독립촉성회 53명, 한민당 29명, 대동청년당 14명, 민족청년단 6명, 기타 단체 11명, 무소속 85명이었다. 무소속 당선자 중 다수는 한민당 공천에서 탈락한 자들이어서 국회는 사실상 한민당이 다수석을 차지했다. 5월 31일 제헌국회가 개원되어 의장에 이승만, 부의장에 신익희·김동원을 선출했다.

중앙청 회의실에서 열린 제1회 국회본회의는 정부의장 선출에 이어 헌법과 정부조직법 기초위원 30인과 전문위원 10인을 선출할 것을 결의하고, 다음 날에는 이들을 선정할 전형위원 10인을 선출했다.

기초위원 선정은 영남의 한민당 거물이면서 항일운동의 발자취가 뚜렷한 대구의 동암 서상일 의원과, 동경제대 출신에다 조선일보와 동아일보에서 명성을 날렸고 ML당 사건으로 옥고를 치른 영암의 낭산 김준연 의원에게 맡겨졌다. 실무적인 일은 입법의원 법제과에서 일한 유성갑 의원과 윤길중이 맡게 된다. 어떻든 앞에 밝힌 원칙에 따라 서울의 이윤영·지청천, 경기의 김경배·홍익표·서성달·조봉암, 강원의 최규옥, 충남의 이종린·이훈구, 충북의 유홍열·연병호, 전북의 윤석구·신현돈·백관수, 전남의 김준연·유성갑·김옥주·오석주·김병희와 제주의 오용국이 기초위원으로 선정되었다.

경남에는 허정·이강우·구중회·박해극·김효석, 경북은 서상일·조헌영·김익기·정도영·김상덕 등이었다. 서울 2명, 경기 4명, 강원 1명, 충남 2명, 충북 2명, 전북 3명, 전남 5명, 제주 1명, 경남 5명, 경북 5명이었다. 크게 보면 수도권이 6명, 충청 4명, 호남 8명, 영남 10명, 강원과 제주가 각각 1명이다.[14]

헌법기초와 정부조직법 초안의 실무적 역할을 하는 전문위원은 유진오를 비롯하여 고병국·임문항·권승렬·한근조·노진설·노용호·차윤홍·김용근·윤길중 등 10인이다. 한민당 계열이 많았다.

헌법기초위원회가 열리기 전에 전문위원들은 사전에 모여 초안을 마련하기로 논의 하였다. 그런데 유진오에게 예상 밖의 일이 벌어졌다.

나는 그때 내가 중심이 되어 헌법 초안을 작성하고 있다는 것이 아는 사람은 다 아는 공공연한 사실이었으므로, 전문위원들끼리 모이면 그것이 그대로 전문위원들이 마련한 헌법 초안으로 합의될 것으로 생각했었는데, 나가 보니 뜻밖에 권승렬 씨가 따로 헌법 초안을 작성해 가지고 나와서 이의를 제기하였다.

그동안 누구들이 어디서 어떻게 모여 무엇을 해왔는지는 모르지만 국회의 전문위원들끼리는 오늘 처음 모인 것이니, 내가 중심이 되어 마련한 초안 '세칭 유진오안'과 자기가 마련한 '세칭 권승렬안'을 놓고 제1조부터 심의를 해서 통일된 한 개의 전문위원회안을 작성하여야 한다고 강경하게 주장하고 나선 것이다.[15]

'권승렬안'은 남조선과도정부 법전편찬위원회 헌법기초분과위원회의 안이었다.

> 권승렬 씨가 들고 나온 것은 나의 최초 초안의 문구를 약간 변경하고 조문을 몇 조 추가하기는 하였어도, 헌법의 기본정신이나 권력구조나 심지어 문체, 용어까지도 대동소이한 것이어서 학리상學理上 과연 이것을 독립한 별개의 안이라 볼 수 있을는지 의문으로 나는 생각하였지만, 그러한 말은 그 자리에서 할 수 없고(말한다면 결과는 감정대립밖에 될 것이 없었을 것이다) 또 권승렬 씨가 가지고 온 안도 단순한 개인의 안이 아니라 과도정부법전편찬 위원회의 안이었기 때문에 털어놓고 이를 무시하기도 어려워서 전문위원 일동은 매우 난처한 지경에 빠졌다.[16]

당시 상황은 8월 10일 이전에 정부수립을 완료하고 8월 15일을 기하여 미군정으로부터 정권이양을 받을 계획이었다. 때문에 전문위원회에서 헌법 초안을 여러 날 토의(논의)할 시간적 여유가 없었다. 전문위원회에서 마련한 안이 헌법기초위원들(국회의원)에 넘어가면 여러 날이 걸리고, 다시 국회본회의장으로 넘겨진 후 또 긴 토의 시간이 걸리게 되면, 물리적으로 8월 15일 이전에 헌법이 제정되기는 어려운 국면이었다.

이렇게 되자 전문위원들은 유진오안을 '원안'으로, 권승렬안을 '참고안'으로 하여 심의를 진행할 것에 합의하고, 헌법기초위원회에 넘겼다. 사실상 유진오의 안이 헌법기초위원회에 넘겨진 것이다.

7장

제헌헌법에

담긴

민주공화주의

이승만 압력으로 권력구조 바뀌어

헌법제정과 정부수립 과정에서 이승만은 유일한 '예비 집권자'의 위치에 있었다. 해방정국에서 '3거두'로 불리던 김구와 김규식이 분단정부에 불참을 선언하고, 또 다른 독립운동의 거두 여운형은 1947년 7월에 암살됨으로써, 정계는 이승만의 독무대나 마찬가지였다. 이승만은 분단정부 수립론으로 이미 미국의 낙점까지 받고 있었다.

유진오와 전문위원들이 만든 헌법 초안은 정부형태에 있어서 내각책임제를 골자로 하였다. 그러나 이승만은 여러 가지 방법으로 대통령중심제로 바꿀 것을 압력했다. 결국 유진오의 학자적 신념이기도 했던 내각제가 대통령중심제로 바뀌게 되었다. 이승만은 또 헌법 전문前文의 '3·1혁명'을 '3·1운동'으로 격하시켰다.

1948년 6월 3일 오후 국회헌법기초위원회 제1독회가 중앙청 회의실에서 열렸다. 서상일 위원장이 유진오에게 초안에 대한 대체적인 설명을 하도록 하였다.

헌법을 연구하여 학자가 된다는 것은 웬만한 사람이면 다할 수 있는 일이지만, 오래 잃었던 국권을 되찾아 독립정부를 수립하려는 희유한 기쁨의 마당에 그 초안을 작성하는 책임을 맡는다는 것은 얻으려 해서 얻을 수 없는 행운이라 생각하였다.[1]

유진오는 실로 만감이 교차하였을 것이다. 당시 그의 나이 42세, 식민지 지식인으로서 굴욕의 시대를 살아오면서 꾸준히 연구해왔던 헌법(학)이었다. 그것을 해방된 조국에서, 자신이 만든 헌법 초안을, 국회헌법기초위원들 앞에서 설명하게 된 것이다.

제1독회는 무난히 끝나고 며칠 후 제2독회가 같은 장소에서 열렸다. 2독회에서는 유진오 원안의 국호 '한국'이 '대한민국'이 되고 '인민'이란 용어를 '국민'으로 바꾼 것 외에는 별 파동 없이 국민의 '권리의무' 조항까지 심의가 순조롭게 진행되었다.

그런데 국회의 구성에 관한 부문에 설명이 이르자 의원들의 이견이 속출했다. 유진오의 원안에는 양원제를 두고 있었는데, 국회의원들이 자신들의 권리를 분할하게 된다고 판단해서인지 완강하게 반대하고 나서면서 단원제로 바뀌었다. 내각책임제로 한다는 조항도 이때까지는 무난히 통과되었다.

그때 국회의장 이승만이 갑자기 회의장에 나타나 내각제를 반대하는 일장의 연설을 하였다. 이승만의 반대 연설에도 불구하고 기초위원들의 분위기는 별로 달라지지 않았다. 며칠이 지난 후 이승만이 이번에는 신익희 부의장을 대동하고 다시 회의장에 나타났다.

> 이승만 씨가 두 번째로 헌법기초위원회에 나타났으니 무슨 심상치 않은 사태가 벌어질 것 같았는데, 이번에는 지난 번보다 훨씬 격한 어조로 다시 또 내각책임제를 반대하는 연설을 하였다. 다만 반대 연설만 한 것이 아니라 끝에 가서는 만일 이 초안이 국회에서 그대로 헌법으로 채택된다면 자기는 그러한 헌법하에서는 어떠한 지위에도 취임하지 않고 민간에 남아서 "국민운동이나 하겠다"고 선언하고 뒤도 안 돌아보고 퇴장해 버렸다.[2]

이승만의 독선과 아집은 이때부터 싹트고 있었다.

아니다. 그는 상하이 대한민국임시정부 때부터 「약헌」(헌법)에 최고수반을 국무총리라고 명시했음에도 끝내 대통령 호칭을 고집했었다. 해방 후 집권하고서는 발췌개헌 → 사사오입개헌 → 3·15부정선거의 과정에 이르는 독재자의 길, 반헌법을 일삼다가 4월혁명으로 쫓겨났다.

신익희는 이승만이 나간 후 자기도 원래는 내각제에 찬성했으나 이 박사가 워낙 강경해서 어찌할 수 없다고 토로했다. 기초위원들은 대표를 파견해서 이승만을 설득하기로 하였다. 대표에 허정 의원과 유진오·윤길중이 뽑혀 종로구 이화장 이승만의 거처를 방문했다.

유진오가 설득에 나섰다. "대통령제 헌법을 채택한 나라 중에 별 탈 없이 잘 되어 가는 나라는 미국뿐입니다. 미국식 대통령제도를 쓰고 있는 중남미제국에서는 국회와 정부의 대립상태를 합헌적으로 해결할 길이 없어서 툭하면 쿠데타가 일어납니다."[3] 허정과 윤길중도 두 제도의 장단점 특히 내각제의 장점을 들어 설명했다. 그러나 성과는 없었다. 이승만은 끝까지 자신의 고집을 꺾지 않았다.

이승만의 심중을 읽은 한민당이 타협하는 쪽으로 돌아섰다. 한민당의 실세 김성수가 유진오를 불러 설득했으나 쉽게 응하지 않았다. "소위 학문한다는 사람이 자기의 신념을 위배해 가면서 누구의 청이나 명령으로 소신과 배치되는 일을 할 수는 없는 일이었다."[4]고 한다.

유진오는 한민당, 여기에 기회주의적인 상당수 국회 헌법기초위원들이 대통령제로 돌아서는 상황에서 더 이상 버티기가 어려웠다. 마치 사마귀 한 마리가 마차 앞을 가로막은 형국이었다.

유진오는 학자적 소신으로 내각책임제와 대통령중심제의 장단점을 다음과 같이 인식하고 있었다.

책임내각제는 국회와 정부와의 관계를 항상 밀접하게 보지保持하게 하며 국정의 원활을 기할 수 있게 하는 장점이 있으나, 반면 정당제도가 발달하지 못하여 국회 내에 안정 세력이 확립되지 못한 때에는 정부가 빈번히 경질되어 정부의 안정을 기하기가 힘드는 단점이 있다.

이에 반하여 대통령제는 국회 내 정당 세력의 소장消長으로 정부가 동요되는 폐해는 피할 수 있으나, 만일 대통령이 국회 내의 다수파의 지지를 얻지 못하는 경우에는 국회와 정부가 사사건건 대립하여 해결책을 얻을 길이 없어서 국정이 암초에 걸릴 위험이 있는 것이다.[5]

국회본회의에서 헌법해설

유진오는 더 이상 전문위원의 직무를 수행하지 않고 청량리 자택에 칩거하였다. 국회에서 여러 사람이 찾아와 직무를 계속할 것을 재촉했으나 나가지 않았다. 6월 23일 헌법기초안이 국회본회의에 상정되는 날이었다. 기초자가 나와서 보고하게 되었으나 그는 집에서 움직이지 않았다.

국회는 개회시간을 10분이나 연장하면서 유진오를 기다렸으나 나타나지 않자 자동차를 보내어 불렀다. 당시 자동차는 군정청 고관, 정계 요인들이나 탈 수 있는 귀물이었다.

내가 나가지 않는다고 해서 헌법제정이 안 될 리는 없겠지만, 적지 않은 의혹과 혼란이 일어날 것만은 사실로 생각되었다. 공산 측의 결사반대와 남북협상파의 끈덕진 보이콧을 물리치고 추진해 온 5·10총선거이며, 3천만이 그렇게도 대망해 온 독

립정부 수립의 기쁨인데 지금 와서 나 한 사람의 향배로 제헌
사업이 지장을 받는다는 것은 사실 중대한 일이다. 그러나 나
의 신념을 굽히기는 여전히 싫었다.[6]

곡절 끝에 유진오는 김동원 국회부의장의 소개로 국회본회
의장에서 헌법기초안에 관한 설명을 하기에 이르렀다. 유진오
는 1시간여 동안 진행된 「대한민국 헌법 제안이유 설명」에서 헌
법안의 기본정신과 주요 내용을 설명하였다. 일부 내용을 발췌
한다.(경칭 생략)

> 이 헌법의 기본정신은 정치적 민주주의와 경제적·사회적 민
> 주주의의 조화를 꾀하려고 하는 데 있다. 프랑스혁명이나 미국
> 독립시대부터 민주주의의 근원이 되어 온 모든 사람의 자유와
> 평등과 권리를 위하고 존중하는 동시에 경제적 균등을 실현해
> 보려고 하는 것이 이 헌법의 기본정신이다.
>
> 그러므로 우리는 모든 사람의 자유와 평등을 기본원리로
> 하면서 이 자유와 평등이 국가전체의 이해와 모순되는 단계
> 에 이르면 국가권력으로서 이것을 조화하는 그런 국가체제를
> 생각해 본 것이다. 제1장 제5조에서 그런 기본정신을 말한 것
> 이다.
>
> 제6조에서는 우리나라는 모든 침략적인 전쟁을 부인한다 했
> 는데 이것은 세계의 중요국가가 지금 다 가입되어 있는 '전쟁포
> 기에 관한 조약' 그 전쟁포기에 관한 조약의 기본정신을 우리

나라에서도 그것을 시인한다고 하는 것을 성명한 것이다.

그러나 전쟁을 포기한다는 것은 국가를 방어하는 그런 권리를 포기하는 것이 아니기 때문에, 침략적인 전쟁은 부인하지만 우리 국가를 방어하는 데 있어서는 강력한 국방군을 건설하지 않으면 안 되겠으므로 그 취지를 침략전쟁의 부인에 이어서 규정한 것이다.

제2장 국민의 권리의무에 있어서는 18세기 이래 각국에서 확인되어 온 국민의 자유권, 그 자유권 중에 제1 중요한 의미를 가진 것은 거의 빠짐없이 망라하였다. 특별히 인신의 자유와 보호에 치중해서 다른 모든 민주주의 국가에서 실시되어 있는 인신보호·영장의 문제라든가 또는 체포·구속을 받을 때에는 즉시 변호인의 변호를 받는 권리라든가 하는 것을 우리는 인정하였다.

경제문제에 있어서는 모든 사람의 자유활동을 인정할 뿐만 아니라 특별히 약한 사람은 붙잡아 주고, 강한 사람은 조정하는 그런 정신 밑에서 경제문제, 사회문제, 문화문제에 관해서는 단순히 자유를 주자는 데 그치지 아니하고, 국가가 이 문제에 적극적으로 참섭해서 어떠한 사람은 도와주기도 하고, 어떠한 사람은 제한하는 그런 체제를 채용하였다.

제18조에는 '근로자의 단결·단체교섭과 단체행동의 자유'를 보장하였다. 근로자는 고용계약으로 들어갈 때에 다만 개인으로서 기업자와 계약을 할 뿐 아니라, 단체를 만들어서 단체교섭을 할 수 있으며, 그 단체교섭으로서 근로자의 지위를 보호

112

할 수 있도록 하였다.

제19조에서는 "노령·질병·기타 근로능력의 상실로 인하여 생활유지의 능력이 없는 자는 국가에서 보장한다"고 하였다. 종래의 체제로 본다면 개인 한 사람 한 사람의 생활문제는 오로지 그 사람에게 맡겨 두고 있었다. 그러나 우리 헌법은 그렇게 하지 아니하고 생활능력이 없는 사람에게 국가가 이것을 보장해서 생활할 수 있도록 하였다.

제3장 국회의 조條는 지금 이 헌법은 단원제로 되어 있지만, 단원제로 하느냐 양원제로 하느냐 하는 문제는 제일 중대한 문제라 할 수 있지만, 당초 저희들이 이 초안을 작성할 때에는 양원제를 취하였다. 하나는 직접 국민이 선거한 대표로서 구성되는 소위 하원—우리 초안에서는 민의원이라 했다—다른 하나는 대표를 선출하는 방식을 달리해서 구성되는 소위 상원—참의원이라 해 보았다—민의원 외에 참의원이라 하는 것은, 거기에다가 보수적인 세력을 집결시켜서 민의원의 자유로운 활동을 견제하는 것이라고 하는 유력한 의견이 있을 수 있다.

각국의 양원제 역사를 살펴보면 민의원은 항상 급진적인 경향을 대표하고, 참의원은 보수적인 경향을 대표해서 그 양 세력이 서로 견제하며 온 것이 사실이라 할 수 있다.

제4장 정부 장章에 있어서 초안을 작성할 때 제일 염두에 둔 것은 어떻게 해서 정부를 안정시키겠느냐. 어떻게 하면 행정권에 항상 흔들리지 않고 안정된 기초 위에 서서 강력한 정치를 추진해 나갈 수 있겠느냐 하는 것이 최대 관심사였다.

강력한 정치를 해나갈 수 있는 것은, 정부와 국회를 따로 떼어놓고 양자가 서로 간섭하지 못하게 하는 그러한 데서 얻을 수 있는 것이 아니라, 오히려 양자의 관계를 밀접히 해놓고 국회의 다수한 사람이 지지하는 그러한 정부를 수립하는 것이 정부의 안전성과 정치의 강력성을 도모하는 게 가장 좋다고 생각되어 대통령제 아닌 양원 내각제를 취했던 것이다.[7]

유진오의 헌법정신은 대단히 진보적이었다. 권력분립론도 그렇지만 경제·사회적 약자에 대한 국가의 보호, 이른바 '경제정의'에 관한 원칙과 노동권의 보장을 분명히 하였다. 또한 사회보장의 원리를 도입한 것 등은 지금 봐도 경탄을 자아내게 하는 조항들이다.

초안의 '3·1혁명'이 '3·1운동'으로

유진오의 헌법정신, 나아가서 새정부 수립의 철학·비전은 헌법 전문前文에서 오롯이 드러난다. 헌법에 전문이 붙은 것은 우리나라가 처음이었다. 순전히 유진오의 작품이었다. 국회에서 통과한 전문은 다음과 같다.

유구한 역사와 전통에 빛나는 우리들 대한국민은 기미 삼일운동으로 대한민국을 건립하여 세계에 선포한 위대한 독립정신을 계승하여, 이제 민주독립국가를 재건함에 있어서, 정의인도와 동포애로써 민족의 단결을 공고히 하며, 모든 사회적 폐습을 타파하고, 민주주의제제도를 수립하여, 정치·경제·사회·문화의 모든 영역에 있어서 각인의 기회를 균등히 하고, 능력을 최고도로 발휘케 하며, 각인의 책임과 의무를 완수케 하여, 안으로는 국민생활의 균등한 향상을 기하고, 밖으로는 항구적인 국제평화의 유지에 노력하여, 우리들과 우리들의 자손의 안전과 자유와 행복을 영원히 확보할 것을 결의하고, 우리들의 정당 또 자유로이 선거된 대표로서 구성된 국회에서 단기 4281년 7월 12일 이 헌법을 제정한다.

유진오가 국회헌법기초위원회에 제출한 초안의 전문 일부가 심의 과정에서 바뀌었다. "유구한 역사와 전통에 빛나는 우리 한국 인민은 3·1혁명의 위대한 발자취와 거룩한 희생을 추억하며 불굴의 독립정신을 계승하여 지금 자주독립의 조국을 재건함에 있어서…"로 시작하여 뒷부분은 거의 같다.

국회심의과정에서 달라진 것은 '한국'이 '대한민국'으로, '인민'이 '국민'으로 '3·1혁명'이 '3·1운동'으로 바뀐 것이다. 다음은 국호와 관련한 국회 토의 내용이다. 제1회 국회 본회의 속기록에서 가져왔다.

서용길 의원: 제1조에 '대한민국은 민주공화국이다.' 그랬습니다. 거기에 국호에 대한민국이라는 그것을 반

대하는 사람이올시다….

진헌식 의원: 대한민국은 3·1혁명 투쟁을 통하야 조성된 국
호이며 이 역사적 광영을 가진 국호야말로 대내
적으로는 민족 통일의 기초가 되고, 대외적으
로는 민족 투쟁의 긍지가 될 것으로 믿습니다.

조봉암 의원: 소위민주공화국에 대한이란 대자는 아랑곳없
는 것입니다. 한이란 말이 꼭 필요하다면 한국
도 좋고 우리말로 한나라라 해도 좋을 것을 큰
대자를 넣은 것은 봉건적 자존비타심의 발상이
요, 본질적으로는 사대주의 사상의 표현인 것
뿐입니다.

초안의 '3·1혁명'이 '3·1운동'으로 바뀐 것은 헌법기초위원
중 한민당 소속 일부 의원들이 '혁명'이라는 용어가 과격하여
새정부의 앞날에 걸맞지 않다고 이승만에게 알렸고, 이승만의
수정 요구로 바뀌게 되었다. 이승만 자신도 미국 망명시절에는
'3·1혁명'이란 용어를 자주 썼던 터였다. 하지만 역사의 아이러
니라 할까, 그토록 '혁명'의 용어를 기피했던 이승만은 4·19혁
명으로 권좌에서 쫓겨나고, 한민당은 역사의 뒤안길로 사라지
고 말았다.

한 연구자는 유진오가 헌법 전문에서 보인 기본적인 가치를
다음과 같이 분석한다.

전문의 구성을 보면, 새로이 세워질 국가는 '민주독립국가'이다. 그리고 이러한 국가를 세우기 위해 1) 민족의 단결을 공고히 하고, 2) 사회적 폐습을 타파하고, 3) 민주주의 제도를 세우고, 4) 모든 영역에서 각인의 기회를 균등히 하여 능력을 발휘케 하고, 5) 국민들이 책임과 의무를 완수해야 한다고 말하고 있다.

그리하여 그 결과로서 1) 안으로 국민 생활의 균등한 향상을 기하고, 2) 밖으로 국제평화의 유지에 노력한다는 것으로 요약된다. 이와 같은 문장에 담긴 이념들을 정리하면, 1) 민족주의, 2) 민주주의, 3) 균등주의, 4) 국제평화주의 등이라 할 수 있다. 즉 제헌헌법 전문에 담긴 주요 이념은 민족주의, 민주주의, 균등주의, 국제평화주의 등이었다.

그러면 헌법 전문에 담긴 가치들은 무엇일까. 전문에서 두 번 나오는 주요 단어는 독립, 민주, 국민, 균등, 자유 등의 단어이다. 한 번만 나오는 주요 단어는 정의, 인도, 동포, 민족, 평화, 안전, 행복 등이다. 이와 같은 단어들은 헌법 전문에 담긴 기본 가치를 표현하고 있다고 할 것이다. 그리고 그 가운데서도 특히 두 번 나오는 독립, 민주, 균등, 자유 등의 단어는 제헌헌법이 지향하는 기본 가치들을 표상하고 있다고 말할 수 있다.[8]

곡절 끝에 7월 17일 헌법공포

국회 본회의는 7월 1일 제2독회를 진행했다.

이승만 씨 등 정치지도자들이 워낙 조속한 통과를 서둘렀기
때문에 수십 개의 수정안이 어지럽게 제출되어 있었음에도 불
구하고, 한참씩 열띤 토론을 전개한 끝에는 결국 헌법기초위원
회의 원안으로 되돌아가고 마는 것이었다. 그 때문에 토론시간
제한에 대하여 불평하는 의원도 있었지만(특히 이문원 씨 등) 그
러한 불평도 봉쇄되고 심의는 무리라 할 정도로 쾌속도로 진행
되었다.[9]

헌법 초안은 제2독회에서 몇 가지 내용이 수정 또는 신설되
었다. 제1장 총강의 제7조에서 "외국인의 법적지위는 국제법과
국제조약의 범위 내에서 보장된다"는 조항이 신설되고, 제11조
1항의 "초등교육은 의무적이며"의 위에 '적어도'라는 문구가 삽
입되었는데, 이 문구가 빠졌다.

가장 큰 쟁점이 되었던 것은 제17조와 제18조 근로자에 관한
조항이었다. 치열한 논쟁 끝에 "영리를 목적으로 하는 사기업에
있어서는 근로자는 법률의 정하는 바에 의하여 이익의 분배에
근접할 권리가 있다"는 조문을 신설하였다. 또 제20조 "혼인은
남녀 동권을 기본으로 하며 혼인의 순결과 가족의 건강은 국가
의 특별한 보호를 받는다"는 조문이 신설되는 등 유진오가 미

처 설치하지 못한 내용이 추가되었다.

유진오가 제2독회 과정에서 가장 아쉬워했던 부문은 "제68조 1항인 국무총리 임명에 대한 국회의 승인은 수정안대로 통과되었으나, 제2항인 국무위원 임명에 대한 국무총리의 제청권은 부결되고 헌법기초위원회에서 본회의로 넘어온 '원안' 대로 국무위원 임명은 국무총리의 개입 없이 대통령의 뜻대로 하게 된 것이었다."[10] 이 조항 역시 이승만의 강력한 주장이 작용한 것이다. 이와 관련 유진오는 크게 개탄한다.

> 결국 나의 노력은 국무총리 임명에 국회의 승인을 요하게 하는데 성공했을 뿐인데, 그렇다면 국무총리는 그와 관계없이 대통령이 뿔뿔이 임명한 국무위원들을 어떻게 통어하고 내각의 통일성을 유지할 수 있다는 것인가.
> 이 결정으로 인하여 대한민국 헌법은 결정적으로 대통령제로 넘어가고 대통령 절대 독주의 길은 환하게 뚫려진 것이었다.[11]

이승만은 헌법제정 과정에서부터 헌법에 자신을 맞추는 것이 아니라 자신의 권력을 위해 헌법을 만들고자 하였다. '위인설관'의 대표적인 사례에 속한다. 국회가 이 같은 과정을 거치면서 몇 가지 조항을 새로 설치한 것은 큰 성과였다.

마지막 논란은 반민족행위자 처벌에 관한 소급법 제정문제였다.

유진오는 초안을 만들 때 "행위시의 법률에 의하여 범죄를 구성하지 않는 행위에 대하여 소추를 받지 않는다"는 '형벌불소급의 원칙'에 의거하여 그러한 조항을 두지 아니하였으나 국회헌법기초위원회의 심의과정에서 '반민족행위자들'을 처벌하지 않으면 민족정기를 살릴 수 없다는 의견이 제기되고 국회 본회의 제2독회에서 이 조항이 부칙으로 설치되었다. 이 조항에 근거하여 특별법이 제정되고 반민특위가 구성되었다.

제3독회는 7월 12일 오전 10시에 열렸다. 다소의 논란은 있었지만 특별한 문제제기는 없어서, 전문과 제103조에 이르는 대한민국 헌법이 만장일치로 통과되었다.

만장일치 통과를 선포한 국회의장 이승만은 "외국인의 조력을 빌리지 않고 우리 한인들이 자력으로 생각을 해서 우리 헌법을 이만치 만든 데 대해 만족한다"는 인사말을 남겼다.[12]

헌법의 국회 통과를 현장에서 지켜본 유진오는 자신이 작성한 초안이 큰 수정 없이 대한민국의 기본법으로 확정된 데 한없는 자부심을 느꼈다. 7월 17일 헌법이 공포되고 이어서 정부조직법이 공포되면서 정부수립의 법적 조건이 갖춰졌다. 국회는 이승만과 이시영을 임기 4년의 정부통령으로 선출하였다.

1948년 8월 15일 대한민국 정부수립

광복 3주년인 1948년 8월 15일 오전 11시부터 중앙청(현 국

립박물관) 광장에서 '대한민국정부수립 국민축하준비위원회'가
주최한 '대한민국정부수립 선포 및 광복3주년 기념식'이 거행
되었다.

　준비위원회는 그동안 '정부수립 기념 표어'를 현상 모집하
여 4,353편 중 1등 당선자는 없고 2, 3등만 정했다. 상금은 각
100만 원씩이었다.

　2등은 '오늘은 정부수립 내일은 남북통일', 3등은 '새나라 새
살림 너도 나도 새일꾼', '받들자 우리 정부 빛내자 우리 역사'
였다.

　이날 기념행사장에서는 준비위원회가 마련한 '대한민국 정
부수립 기념가'가 힘차게 울려 퍼졌다.

　　　1절
　　　삼천만 무궁화 새로이 피라
　　　반만년 이어온 단군의 피로
　　　겨레들 모두 다 손을 잡으라
　　　민족과 인류의 영원을 위해
　　　우리는 받들자 대한민국을
　　　다같이 받들자 우리의 조국

　　　2절
　　　삼천만 태극기 높이 올려라
　　　산에서 또 바다에서

겨레들 일어나 활개를 치라
자유와 독립된 국민으로써
우리는 지키자 대한민국을
다같이 지키자 우리의 조국

독립운동가 오세창은 "8월 15일은 해방의 날이며 정부수립 선포의 날임에 영원히 기념할 날이다. 우리는 세계의 평화와 자유에 공헌할 것을 맹세하는 바이다."라는 개회사를 했다.

이어서 연합합창단의 '대한민국 정부수립 기념가'의 합창이 있었고 이승만 대통령은 기념사에서 "동양의 한 고대국인 대한민국정부가 회복되어서 40여 년을 두고 바라며 꿈꾸며 투쟁하여온 사실이 실현된 것입니다."라고 선언했다. 미군정 하지 중장은 축사에서 "일본 항복 3주년인 이날에 대한민국 정부수립을 축하하도록 된 것은 한국 국민의 위대한 업적을 표시하는 것입니다."라고 말했다.

기념행사 참석을 위해 방한한 맥아더장군은 기자회견에서 "제2차 세계대전을 승리로 끝막은 8월 15일을 기하여 대한민국 정부가 수립되게 된 것은 의의 깊은 일로 나는 그 앞길을 무한히 축복한다."고 언급했다.

8월 15일 오후와 저녁에는 천주교 등 각계에서 '해방기념 겸 대한민국 정부수립의 날'을 경축하는 행사가 있었고 정부는 '정부수립기념우표'를 제작하여 판매하였다.

각 신문은 '대한민국 정부수립일' 또는 '대한민국 정부선포식'을 큰 제목으로 연달아 이날 행사를 보도했다. 해방 3년 만에 비록 반쪽이지만 민주공화제 헌법을 바탕으로 대한민국 정부가 수립되었다. 유진오는 이날 다시 한 번 한없는 자부심을 가졌다.[13]

이명박·박근혜 정부가 1948년 8월 15일의 정부수립일을 '건국절'로 왜곡하려다가 촛불혁명으로 패퇴한 것은 다 아는 최근의 일이다.

'헌법해의' 저술 통해 헌법정신 해설

대한민국 헌법의 산모 역할을 충실히 한 유진오는 1949년 1월 '헌법의 축조해설'을 위하여 『헌법해의憲法解義』를 간행하였다. 그리고 3년 뒤 이를 보완하는 『신고新稿 헌법해의』를 일조각에서 펴내었다.

대한민국 헌법관련의 저술로는 최초라 할 수 있는 이 책은 유진오의 헌법정신과 이념이 체계적으로 분석·정리되었다. 우리나라 헌법해설의 원전이라 불러도 손색이 없을 것이다. 책의 구성을 살피면 다음과 같다.

　서론
　제1 헌법의 개념
　제2 대한민국 헌법 제정의 유래

제3 헌법개정의 경과

본론
전문
제1장 총강
제2장 국민의 권리의무
제3장 국회
제4장 정부
제5장 법원
제6장 경제
제7장 재정
제8장 지방자치
제9장 헌법개정
제10장 부칙

여기에 부록으로 정부조직법, 국회법, 헌법위원회법, 탄핵재판법, 프랑스헌법, 미국헌법을 실었다.

유진오는 이 책의 총강 제1조 "대한민국은 민주공화국이다"의 해설에서 새정부의 정체성인 민주공화주의를 다음과 같이 설명한다.

　　본조는 대한민국의 국호와 국체와 정체를 규정한 것인데, 보통 공화국이라 하면 세습 군주를 가지고 있지 않는 국가를 말하고 또 20세기 초기에 이르기까지에는 공화국과 민주국은 동의어로 사용하였으며 각 민주국가는 '공화국Republic'의 명칭만을 사용하는 것이 보통이었다.

그러나 근시에 이르러서는 공화국 중에도 권력분점을 기본으로 하는 민주정체를 채택하는 국가도 있고(예, 미·불 등), 의회제도와 사법권의 독립을 폐지 혹은 유명무실하게 하는 독재체제를 채택하는 국가도 있고(예, 나치스 독일, 파시스트 이태리), 또 소련과 같이 3권통합을 기본으로 한 소비에트제도를 채택하는 국가도 있어 공화국의 정치형태가 동일하지 않으므로 본조에 있어서 우리나라는 공화국이라는 명칭만을 사용하지 않고 권력분립을 기본으로 하는 공화국임을 명시하기 위하여 특히 '민주공화국'이라는 명칭을 사용한 것이다.

제2차 세계대전 이후에 제정한 프랑스 신헌법과 이태리 신헌법도 '공화국'이라는 명칭만을 사용하지 않고 '민주공화국'이라는 명칭을 사용하고 있다. 이상을 종합하면 대한민국의 국체는 '공화국'이며 정체는 '민주국'인데, 그를 합하여 민주공화국이라 한 것이다.[14]

임시정부의 '헌장' '약헌' '건국강령'이 헌법 모태

유진오가 기초하여 국회에서 통과한 대한민국 헌법의 골격은

1919년 4월 대한민국임시정부 요인들이 만든 「임시헌장」과 조소앙이 주도한 「임시약헌」 그리고 역시 조소앙의 작품인 「건국강령」을 모태로 하였다.

1919년 유산은 1946년 헌법쟁론기를 거쳐 1948년 건국헌법 제정으로 이어졌다. 대한민국 임시정부의 헌법과 규약은 모두 1948년 대한민국 건국헌법에 고스란히 녹아 있다. 따라서 임시정부 헌법은 모든 한국 근현대 '헌법의 어머니' 즉 '원형헌법'으로 볼 수 있다.

3·1운동을 통해 구체화된 민주공화제, 국민주권, 기본권, 권력분립 등 모든 기본원칙들은 건국헌법에 수용되었다. 헌법 체계와 용어도 대동소이하다. 「임시헌장」(1944. 4. 22.)과 건국헌법은 체계 면에서 거의 똑같다.

두 헌법은 모두 전문, 총강, 국민(인민)의 권리와 의무, 입법부, 행정부, 사법부, 경제, 회계·재정, 헌법 개정 및 부칙으로 이루어져 있었다.[15]

유진오는 이와 함께 세계 각국 특히 독일 바이마르헌법에서 크게 영향을 받은 것으로 알려진다.

프랑스대혁명의 인권선언과 소연방의 스탈린헌법이 근대의 좌우 양끝이라면, 바이마르헌법은 그 중간에 위치한다. 바이마르헌법은 양자의 중간에서 사유재산과 경제활동의 자유를 인정하면서도 사회 전체의 입장에서 이를 지도·통제하는 20세기 경제국가·산업국가에 걸맞는 경제헌법이었다.

18세기 근대 헌법이 삼권분립과 의회민주주의를 떠받들면서 오로지 정치적 민주주의를 주안으로 삼았던 것에 비해, 1차대전 이후 출현한 현대 헌법은 정치적 민주주의의 기초 위에 경제적 사회적 민주주의를 실현하려는 자본주의 개량의 신헌법이었다. 법사상의 관점에서는 개인주의와 사회주의(단체주의), 부분과 전체의 절충이었고, 세계대공황과 2차대전을 헤쳐나오는 과정에서 케인즈 경제학에 입각한 현대 복지국가체제의 모습으로 일반화되어 갔다.[16]

대한민국 헌법의 '원안'을 만든 유진오는 자신이 그토록 우려했던 대로 대통령에게 권한이 집중되고, 집권한 이승만이 헌법을 장식품처럼 여기며 독재와 탈선을 거듭하게 되면서, 제헌국회가 내각책임제 '원안'을 고수하지 못한 것을 크게 안타까워하였다.

법제처장으로 각종 법률안·조약안 등 만들어

유진오는 정부가 수립되기 직전인 8월 4일 초대 법제처장으로 임명되었다. 정부가 수립될 때 헌법과 정부조직법만 마련되었을 뿐 헌법이 하위규범에 위임하고 있는 법률이나 명령들은 거의 마련되지 않은 상태였다.

법제처는 정부수립 당시 국무총리 소속의 중앙행정기관으로 업무를 맡았으며, 내부조직으로 처장 1인, 차장 1인 외에 비서실·행정법제국 및 법제조사국을 두고 있었다. 기구는 간소했으나 역할은 막중했다. 국무회의에 상정될 법률안·조약안·대통령안·총리령안·부령안의 심사와 법령의 해석 및 국무총리행정심판위원회 기타 법제에 관한 사무를 관장하였다. "정부는 모법母法인 헌법의 기초자에게 그 자법子法인 법률과 명령도 입안하게 하는 것이 가장 적절하다고 판단되어 법제처장직을 맡겼다."[17]고 한다.

유진오가 맡은 법제처장은 행사할 권력은 별로 없고 일거리와 시빗거리만 많은 직위였다. 더구나 정부수립 초기여서 준비해야 할 법제가 산더미 같이 그의 손질을 기다리고 있었다.

그의 법안 작성은 모두 화급한 것이었으므로 밤낮을 가리지 않고 입법안을 마련하는 데 골몰하였다. 그의 손을 거쳐 마련된 법률과 명령은 수없이 많으나, 특히 그 당시 시급한 것으로는 다음과 같은 것들이 있었다. 공포식령公布式令(대통령령 제1호), 감찰위원회직제(대통령령 제2호). 남조선과도정부기구 인수에 관한 건(대통령령 제3호), 한·미간의 '재정 및 재산에 관한 최초 협정(미군정이 가지고 있던 모든 재정과 재산을 한국정부에 이양하는 협정)'과 양국 간의 '원조협정' 등 신생정부의 디딤돌이 된 조약 제1호와 제2호의 체결에도 유진오의 손을 거친 것들이었다.

그밖에도 정부조직법, 국회법, 헌법위원회법, 탄핵재판법, 각
부처직제, 국군조직법, 농지개혁법, 귀속재산처리법, 지방자치
법 등이 전부 유진오의 법제처장 재임 중 그의 책임 아래 기초
된 것들이다.[18]

유진오는 법제처장 임명 당시의 황량했던 상황을 다음과 같
이 기술한다.

그때 나는 대통령실 바로 옆방에 자리를 잡고 있었는데, 부
하 직원 하나도 없는 나 한 몸 뿐인데다가 정부와 국회의 크고
작은 법률문제는 전부 나에게로 가지고 와서 질문하는 통에 정
말 골치를 앓았다. 법률문제라 해도 법이론에 관한 것이면 괜
찮겠으나 질문의 대부분은 행정례규에 속할 성질의 것이라, 행
정관청이라고는 평생에 드나들어 본 일이 없는 나로서는 무엇
이라 대답해야 할는지 짐작도 안 가는 그러한 것들이었다.

그런데 모른다고 잡아뗄 수는 없고, 어떻게 해서든지 해답을
얻어 일을 처리하여야 했으니 기막히는 노릇이었다.[19]

8장

대학경영자의
1950년대

피난지 부산에서 전시연합대학장 맡아

유진오는 1949년 6월 법제처장을 만 10개월 만에 사임하고 고려대학으로 돌아왔다. 그의 본령은 아무래도 연구하고 가르치는 대학이었다. 법제처장을 그만둔 것은 고려대학교 대학원장으로 취임하기 위해서인 듯하다. 대학원장은 1949년·9월부터 1952년 8월까지 만 3년 동안 재직하였다.

1년 만에 고려대학교로 돌아와 보니 캠퍼스 안 공기가 전과는 판이하게 달라 조용하였다. 좌익도 우익도 잠잠해진 것이다. 정정의 안정이란 이렇게도 위대한 영향력을 갖는 것인가. 이제는 대학건설을 위한 정지작업이 끝난 것 같은 느낌이었다.

학교로 돌아와서 내가 첫 번째로 한 일은 새 학장의 집무실을 따로따로 마련한 것과 대학원을 개설한 것이었다. 고려대학교는 처음부터 법정·경상·문과의 세 단과대학으로 구성되는 종합대학으로 출발하였지만, 그것은 기구상의 일일뿐, 실제 시설면에 있어서는 보전시대의 그것을 그대로 쓰고 있었다.[1]

유진오는 대학원을 개설하였다. 1949년 7월에 처음으로 법·정·경 등 사회과학 계통의 대학졸업생이 배출되면서 가능하게 되었다.

많이 뒤로 밀렸지만, 여기서 유진오의 가족사에 관해 잠깐 살펴보기로 한다. 1919년 10월 13세 소년 때에 부모의 주선으로 성진순과 결혼하였다. 6년 후 부인이 사망하고, 유진오는 22세인 1928년 10월 박복례와 재혼한다. 집은 부모가 물려준 청량리에서 살았다.

이 무렵 미국 정부에서 한국 교수들을 초청해서 1년씩 유학·연구시키는 교환계획이 발표되어서 유진오는 이 기회에 구미지역 교육계를 돌아보고자 준비를 하던 차에 6·25전쟁이 발발했다. 대전을 거쳐 부산에서 피난생활을 하다가 서울 수복 후 돌아왔다. 전란통에 현상윤 고려대학 총장을 비롯 여러 교수들이 납북되거나 사망하였다.

유진오는 '고려대학교 임시관리책임자'로 임명되어 황폐화된 대학 관리를 책임 맡았다. 한국전쟁은 유엔군과 중국군이 참전하면서 역전이 거듭되었다. 국군이 다시 후퇴를 하면서 가족은 1950년 12월 20일 인천을 통해 선박 편으로 부산으로 보내고, 유진오는 서울에 남았다가 12월 30일 한밤중에 간신히 인천을 통해 부산으로 피난했다.

부산에 피난 온 교수들이 '대한민국 교수단'을 결성할 때 참여한 유진오는 아무리 전시중이라도 대학교육을 중단할 수 없다는 데에 뜻을 모은 교수들과 함께 전시연합대학을 설립하고,

문교부로부터 학장으로 임명되었다.

　　법적문제를 따질 것 없이 응급조치로 국내 모든 대학의 교수
와 학생들을 한데 모아 대학교육을 재개하려는 것이었다. 경비
도 법적인 문제를 떠나 서울대학교의 예산으로 충당하기로 되
었던 것이다.
　　나는 곧 서울대 문리대 학장이던 방종현 씨를 부학장으로 하
고, 각 대학의 원로 교수들을 모아 전시연합대학 개강에 착수
하였다. 강의실로는 우선 부산시청 앞 광복동 들어가는 어귀에
있는 조그마한 극장을 쓰기로 하고, 강사로는 윤일선·이병도
등 원로를 동원하고(물론 나 자신도 강사로 나섰다). 학생들에게
는 두 시간 강의만 들으면 한 학점씩 주어 각각 소속대학의 학
점으로 통용하게 하여 흩어진 학생들을 주워 모으기 시작하
였다.[2]

　　그러나 전시연합대학의 운영은 쉽지 않았다. 수백만 명의 피
난민이 들끓어 생지옥을 연상케 하는 피난지에서 대학이 제대
로 운영될 리 없었다. 고심 끝에 군 당국의 양해를 얻어 수업 중
인 대학생에게 징집보류를 실시하게 되면서 어느 정도 자리를
잡을 수 있었다.
　　그러나 유진오는 곧 전시연합대학의 일에서 손을 떼야 했다.
이승만 대통령이 한일회담을 준비할 것을 지침하여 회담개최의
준비차 일본으로 가야했기 때문이다. 전시연합대학의 일은 방

종현에게, 고려대학의 일은 이종우에게 맡기고 한국식산은행 두취 임송본과 함께 7월에 도쿄로 건너갔다.

일본은 그야말로 별천지였다. 한국은 동족상쟁의 참극을 치르고 있는데, 한국 분단의 원초적인 책임이 있는 일본은 한국전쟁으로 특수를 누리고 있었다. 유진오가 한 달여의 준비를 마치고 귀국했을 때 전시연합대학은 해체되고, 서울에서 피난한 각 대학이 개별적으로 문을 열고 있었다.

고려대학은 그해 9월 대구 원대동의 어떤 공장건물을 임대하여 개교했는데, 유진오는 '임시관리 책임자'에서 '총장서리'가 되었다. 현상윤 총장이 납북되어 생사불명이어서 취해진 조처였다. 부총장은 이종우, 학생감은 이상은 체제였다. 대부분의 대학이 피난수도 부산에서 문을 열었으나, 고려대학이 대구에서 문을 연 것은 한일회담 준비 관계로 유진오가 일본에 다녀왔기 때문이 아니었나 싶다.

고려대학을 현대적 종합대학으로 만들어

국가안보를 제대로 관리하지 못하고, 북한 인민군의 남침에도 효과적으로 대처하지 못한 채 정부가 부산으로 피난해 온 처지의 이승만은, 그런 상황에서도 재선을 위한 권력욕망에 사로잡혀 있었다. 이시영 부통령이 1951년 이승만의 반민주적 통치에 반대하면서 사임하고 김성수가 뒤를 이었다.

이승만은 1952년 7월 임시수도 부산에서 대통령 직선제 개헌안을 국회에 제출했다. 국회의 간선으로는 재선이 어렵다고 판단, 전시체제인데도 굳이 직선제 개헌을 추진한 것이다. 이를 반대하는 야당의원들을 납치하는 등 소동을 벌이고 부산 일대에 계엄령을 선포했다. 경찰과 군대가 국회의사당을 포위한 상태에서 이른바 발췌개헌안이 처리되었다. 그리고 이승만은 대통령에 재선되었다.

유진오가 우려했던 대로 이승만 독재가 현실로 나타났다. 유진오는 9월 초에 고려대학 총장으로 임명되어 어려운 시기에 학교의 운영을 책임 맡게 되었다. 그 무렵 미국 하버드 대학의 초청을 받았다. '연구원' 자격으로 10개월을 보낸 후 귀로에 유럽 여러 나라를 순방하고 많은 선진문명을 배울 수 있었다.

개헌파동의 정치적 소용돌이 속에서 귀국한 유진오는 대학 일에 전념한다. 전란통에 흐트러진 도서관을 재정비하고, 학교의 재단확충에 나섰다. 그의 노력으로 고려대학은 차츰 현대적 종합대학으로 자리 잡게 되었다.

법과와 상과로 구성되어 있던 보성전문을 인문계, 사회계, 자연계, 이공계, 사범계, 의학계 등으로 확장시켜서 명실 공히 종합대학university으로 만들었고, 그렇게 하여 종래의 고대 학풍인 '행동하는 고대'를 '사색하는 고대'로, '야성적 고대'를 '지성적 고대'로 전환시켰다. 보성 '전문학교'를 세운 사람은 김성수였지만, 그것을 고려 '대학교'로 만든 사람은 유진오였다.

유진오는 대학의 목적과 사명을 인류문화의 발전과 자유를 통하여 인간의 존엄성을 획득하는 데 있다고 본다. 이 점을 그는 다음과 같이 인상적으로 말하였다.

> 민주주의의 찬란한 역사는 인간의 존엄의 기초 위에 형성된 것이며, 인간의 존엄은 자유의 확보 없이는 성립될 수 없는 것이다. 옛날 어떤 철인哲人은 지식은 회의로부터 시작된다 하였거니와 회의야말로 자유로운 인간만이 가질 수 있는 특권인 것입니다. 자유로운 인간은 모든 것을 맹신하지 아니합니다. 모든 존재의 근원을 캐고 모든 가치의 정당성을 문제 삼습니다.
>
> 그리하여 그것이 이성의 거울에 비추어 정당한 것이라고 판단될 때 비로소 이를 받아들이는 것입니다. 이리해서 자유는 인간의 존엄의 기초가 되며 인류문화 성립의 근본조건이 되는 것입니다.[3]

유진오가 고려대학의 발전을 위해 매진하고 있을 때 정국은 갈수록 파국을 향해 질주하고 있었다. 순전히 이승만의 권력욕망 때문이었다. 발췌개헌으로 재선에 성공한 이승만은 종신집권을 위해 다시 개헌을 시도했다. 유엔군의 도움으로 서울로 환도한 후 민생과 전시복구에 전념해야 할 대통령이 권력연장에만 혈안이 되고 있었던 것이다.

이승만은 1954년 5월에 실시한 제3대 민의원선거에서 대규모 부정선거로 원내 다수 석을 차지한 자유당을 앞세워 초대대통령에 한해 중임제한을 철폐한다는 개헌안을 국회에 제출했다. 11월 27일 국회에서 표결에 부친 결과 재적 203명 중 가 135표, 기권 7표로 개헌정족수인 136표에 1표가 미달, 국회 부의장이 부결을 선포하였다. 그러나 이승만 정권은 "국회의원 재적 203명의 2/3는 135명이 된다."는 억지주장으로 이틀 후인 29일 부결선포를 번복·개헌안의 가결을 선포하기에 이르렀다.

이승만 사사오입개헌 강력비판

사사오입 개헌은 절차상으로도 정족수에 미달한 위헌적인 개헌이었을 뿐만 아니라, 1인의 종신집권을 위해 수학공식까지도 무시한 반상식적인 처사로 지탄을 받았다. 그동안 이승만의 비이성적인 정치행태에 침묵하면서 학교일에만 전념해 온 유진오는 이번 사태에서만은 더 이상 침묵을 지키고 있을 수 없었다. 자신이 기초한 헌법정신을 뒤엎은 것이기 때문이었다.

유진오는 한 신문과 인터뷰에서 "개헌은 부결된 것이다."라고 분명히 설파했다. 이 신문은 「개헌은 부결된 것이다-결국 국회 부의장 선포한 대로다」라는 제목 아래 인터뷰 내용을 실었다. "헌법학자 유진오씨 담"이란 표기를 달았다.

헌법에 규정된 재적 3분의 2 이상이라는 말은 이번 경우에 있어 35.333…을 최저로 한 그 이상의 것을 의미하는 것이므로, 개헌 가표인 135는 3분지 2 최저선인 135.333…에 0.333… 부족 즉 3분지 2가 못되는 것이다.

법리상 0.0001이 부족이라 해도 부족은 부족인 것이다. 그리고 독일을 위시한 기타 여러 나라는 이런 경우를 우려해서 부표 '부·기권·무효'가 3분지 1의 정수에다 1을 가한 숫자, 즉 이번 67.666…에서 소수점 이하 대신 1을 가한 68이 될 때에는 이를 부결로 보는 것을 동례로 삼고 있는 것이다.

이런 경우 사사오입이란 있을 수 없으며 부결된 것이다. 가령 한국의 헌법위원회나 탄핵재판소는 11명으로 구성되어 있고 그의 3분지 2 이상을 8명으로 하고 있는데 만일 모당 이론을 여기다도 적용한다면 11의 3분지 2는 7.333…이니, 7명이 3분지 2선이라는 결론이 되는 것이다. 결국 국회부의장이 선포한 대로 이번 개헌은 부결이다.[4]

유진오는 이승만의 헌법 유린의 처사를 학리적으로 질타한 것이다. 그는 이와 같은 일을 예상하면서 대통령제를 한사코 반대했던 것이고, 이승만은 대통령중심제를 억지로 관철시켰던 것이다.

유진오의 대통령제에 대한 반론이 타당했음을 우리 역사가 실증하고 있다. 대통령병 환자였던 이승만의 뜻에 의하면 유진오안의 의원내각제가 대통령제로 바뀐 것은 이박사의 독재에의 길을 열어 주는 것이었다. 제3공화국, 제4공화국, 제5공화

국, 제6공화국의 대통령제가 대통령 개인의 독재였음을 볼 때
유진오의 선견지명에 놀랄 뿐이다.[5]

고대 창립 50주년 맞아 발전계획

1955년은 고려대학 창립 50주년이 되는 해였다. 유진오가
의미 깊은 해를 맞아 교풍쇄신을 비롯 여러 가지 구상을 하고
있을 때, 2월 18일 교주 김성수가 사망하였다. 유진오는 "보전-
고대에 내가 몸을 담은 이후로 나를 이끌어주고 격려해주던 나
의 정신적 지주가 무너진 것이다."[6]라고 애도하였다. 그는 여러
해 동안 기일이면 추도사를 발표하였다.

유진오는 그해 5월 5일 고려대학교 창교 50주년 기념식에서
고려대학의 좌표를 제시했다. 긴 내용 중 교가校歌 관련 부문
이다.

나는 교가를 새로 제정하기로 마음먹었다. "젊은 가슴 숨은
생명 힘 넘쳐 뛰노나"(지금 일반이 '뛰노라'로 알고 있는 것은 잘못)
로 시작되는 구 보전 교가는 춘원 이광수의 작사로 젊은 학생
의 씩씩한 기상을 잘 표현하고 있었지만, 일제치하 때의 것이라
내용이 반항으로 일관되어 있어서 신생국가의 대들보 같은 대
학으로서의 이상과 의욕을 상징하기에는 부족한 것으로 느꼈
기 때문이다.

실은 인촌과 현상윤 총장도 같은 생각을 가지고 정인보 씨에게 신 교가를 지어주도록 부탁하였으나, 그것이 완성되기 전에 6·25동란이 일어나서 교가를 새로 제정하지 못했던 것이다. 곡조(김영환 작곡)도 옛날 창가조이어서 인촌·기당(현상윤) 시대부터 새 시대에 맞도록 새로 작곡할 생각으로 있었던 것이다.[7]

유진오의 제안에 따라 새 교가 가사는 문리대 조지훈 교수가 짓고, 뒷날 박정희에 의해 '동베를린사건'으로 독일에서 끌려왔다가 옥살이 끝에 다시 독일로 추방당한 윤이상이 작곡하였다. 윤이상의 증언이다.

저는 역사 있는 고대의 교가를 작곡함에 영광을 느끼고 작사자 조지훈 교수의 청탁을 쾌락했습니다. 작곡에 앞서 작사자와 수차 내용과 기분에 관해 숙의했습니다. 교가의 본질로서 첫째, 고상하고 함축이 있어야 할 것, 둘째, 고대의 전통인 '힘'의 표현이 있어야 할 것, 셋째, 가사가 가진 바 학교를 설명한 데 대해 충분히 배려할 것, 넷째, 작곡자인 저의 의사로서 되도록 한국 정취가 떠오르게 할 것 등이었습니다.

여태까지의 경험으로 보아 교가란 이렇게 구유할 조건이 많기 때문에 이러고도 끊임없이 학생에게 매력을 줄 수 있는 노래를 만들기란 용이한 일이 아니었습니다.

처음 이상의 조건 아래 세 가지의 노래가 작곡되었습니다. 이것을 가지고 유 총장 댁에서 총장님을 위시하여 몇 학장, 그 밖의 몇몇 교수와 작사자 조 교수 등이 모인 가운데 작곡자인 저의 자창自唱을 듣고 고르신 것이 이번에 발표한 교가입니다.[8]

유진오는 재임기간 중 고려대학 발전에 많은 기여를 하였다. 중요한 교사건축 부문을 살펴본다.

> 1954년 여학생회관
> 1955년 계단교실 및 이학부 실험실
> 1955년 농대본과 착공, 1956년 완공
> 1956년 대학식당
> 1957년 중앙도서관 서고증축
> 1957년 의대(현 이공대) 착공, 1964년 완공
> 1959년 이학부(현 교양학부) 착공, 1960년 완공
> 1959년 서관 착공, 1961년 완공
> 1961년 박물관 착공, 1962년 완공.[9]

유진오는 학교일에 매진하는 한편 1952년 유엔 한국대표단 법률고문, 1953년 대한국제법학회 회장, 1954년 학술원 종신회원, 같은 해 문교부 교육심의회 위원, 1955년 명예법학박사(연희대학교), 1955년 중앙교육위원회위원, 같은 해부터 서울특별시 교육회 부회장·회장, 1956년 유네스코한국위원회 부위원장, 같은 해 재단법인 한국연구원 이사, 1957년 10월 영국정부 초청으로 한 달간 영국의 교육·문화·행정 등 시찰, 같은 해 한

국국제법률가회 회장, 같은 해 한국공법학회 회장, 같은 해 동아문화연구위원회 위원장, 1959년 3~4월, 국제적십자위원회 대한 재일교포 북송반대 민간사절로 스위스에 파견 등 여러 가지 일에 참여하였다.

가정적으로 불행한 일도 겪었다. 1928년 재혼했던 부인 박복례가 1954년 6월 병사했다. 우수한 두뇌에 다양한 능력을 갖췄던 유진오는 가정적으로는 매우 불행했다. 두 번째 부인도 먼저 보내고 1956년 5월 이용재와 다시 결혼하였다.

유진오가 그토록 기대했던 한국의 민주주의는 이승만의 노욕으로 갈수록 나락으로 떨어져가고 있었다. 이승만은 1956년 5월에 실시된 제3대 대통령선거에서 당선되었으나 부통령은 야당의 장면 후보에게 빼앗겼다. 자유당 간부들은 대낮에 장면 부통령 저격사건을 저질렀으나 그는 용케 살아남았다.

이승만은 1957년 자신을 비판하는 독립운동가 김창숙을 유도회에서 쫓아내고, 1958년 12월에는 농성 중이던 야당의원들을 무술경위를 동원하여 지하실에 감금하고 새국가보안법을 통과시켰다. 그리고 1959년 4월 정론지 『경향신문』을 폐간시켰으며 그해 7월에는 자신의 정치적 라이벌인 진보정치인 조봉암을 '사법살인'했다. 1960년의 제4대 대통령선거를 앞두고 야당과 언론에 재갈을 물리고자 하는 술책이었다.

한편 유진오는 1956년 제3대 대선 과정에서 야당의 유력한 대통령 후보 신익희가 투표일을 얼마 앞두고 사망한 후 민주당 측으로부터 신익희의 선거구인 경기도 광주지구 출마를 종용

받았다. 이 무렵 일부 신문에는 문교부장관 또는 외무장관으로 입각한다는 기사도 실렸다.

후일(1966년) 내가 정계에 투신하게 된 일을 생각하면 혹은 그때에 국회의원이 되거나 장관으로 입각하거나 했던 편이 유리하였을지는 모른다. 그러나 그때에 나는 정치에 참가할 생각은 정말로 없었으며, 어떻게 해서든 고려대학교를 좀 더 대학다운 대학으로 발전향상시켜 보겠다는 생각에 골몰할 뿐이었다.[10]

9장

4월혁명과 5·16쿠데타 시기

데모제자들에게 '불의 항거' 찬양연설

이승만은 마침내 제 무덤을 파고 말았다. 3·15부정선거를 말한다. 1960년 3월 15일 실시된 정부통령선거는 '선거라는 이름의 협잡'이었다. 이승만의 나이 85세, 이미 집권 12년 차에 이르렀다. 야당의 유력한 후보 조병옥이 미국병원에서 사망하고, 혁신계의 주자 조봉암은 사형시켜서 4선은 따놓은 당상격이었다. 문제는 측근인 함량 미달의 부통령후보 이기붕을 당선시키는 것이었고, 본질적으로는 이승만 자신의 노욕·노추·노회한 권력욕이었다.

마침내 마산에서 부정선거에 항의하는 시민·학생들이 궐기했다. 이승만 정권은 이들을 공산당·빨갱이로 몰았고, 독재정권의 하수인 노릇을 해온 경찰은 총을 쐈다. 많은 희생자가 생기고 반독재 시위는 남풍을 타고 광주·부산·대구·대전을 거쳐 4월 18일 고려대 학생들의 궐기로 정점을 찍었다. 고대생들이 부정선거 규탄에 앞장선 데는 사유가 있었다.

멀리는 보전 시절의 3·1혁명으로부터 맥이 이어진다. 여기에 유진오 총장을 비롯하여 조지훈·김준엽·이상은·김성식·김상협·신일철 등 기라성 같은 비판적 교수들의 존재로 하여 학생들은 민주주의와 역사의식이 남달랐다.

국내에서 3·15부정선거가 아직 진행되기 전인 1959년 3월 유진오는 일본의 재일한인북송을 저지하기 위해 장택상·최규남과 함께 제네바에 있는 국제적십자위원회에 파견되어 국제적십자회의 북송문제 개입을 저지하고, 부정선거 기간인 1960년 3월에는 다시 일본으로 건너가 대일 국교정상화 교섭 활동을 벌였다.

이승만 정부는 1960년 3월 15일 유진오와 장경근·이호 세 사람에게 재차 일본으로 가서 한일회담을 재개하도록 요청하였으나 이에 응하지 않았다. "이러한 난장판에 더 이상 이 박사(이승만)의 사자 노릇을 할 생각이 없었"[1]다고 한다.

그러던 어느 날 주한미대사가 참사관을 보내어 사태수습에 관한 의견을 물어서 "정부통령선거를 다시 하는 것밖에 수습의 길이 없다."[2]고 단호히 말해 주었다.

4월 16일 고대생들이 궐기를 준비하기 시작할 때 성북경찰서에서 고대학생회 운영위원장들이 모처에 합숙해 가면서 데모를 계획 중이라는 정보를 전해주었지만 달리 대처할 방법이 없었다. 학생들은 예정대로 18일 "부정선거 다시 하라"는 구호를 외치며 교문을 박차고 나가 국회(현 서울시의회) 앞에서 연좌 데모를 벌였다. 참가 학생이 2천여 명에 이르렀다.

오후 3시경 내무부(현 행자부)로부터 총장이 와서 사태를 수

습해달라는 연락이 왔다. 유진오는 교수 17, 8명과 통근버스를 타고 현장에 도착했다.

학생들 둘레는 경찰이 겹겹이 포위하고 여러 대의 소방차가 그들을 뒷받침하듯 늘어서 있었다. 수만의 군중이 멀리서 이 광경을 지켜보고 있다.

삼엄한 일순이었다. 그러자 총장 일행이 가까이 오는 것을 본 학생들은 일제히 박수를 쳤다. 물론 나를 환영하는 뜻이다. 나는 그때까지도 학생들 앞에서 무슨 말을 해야 하는지 작정을 못하고 있었지만, 이 박수 소리에 순간 마음이 작정되었다. 마이크 앞에 섰다.

"부정불의에 항거해 일어선 용기를 제군들이 가진 것을 고려대학교 총장으로서 나는 기뻐한다."

나는 그때 내 마음속에 떠오른 생각을 그대로 솔직히 털어놓았다. 나중에 말썽이 되든 안 되든 그런 것을 생각할 여유는 없었다. 우레와 같은 박수와 환호성이 함께 터졌다.

그러나 어쨌든 학생들은 모두 학교로 데리고 돌아가야 하겠다. 경찰이 그렇게 요구한대서가 아니라 나는 내가 책임 맡은 고려대학교 학생들, 나를 믿고 나를 따르는 고려대학교 학생들을 더 이상 폭력이나 총탄 앞에 노출시켜 둘 수 없다고 생각하였다.

나는 말을 이었다. "이제 부정과 불의를 제거하라는 제군의 의사는 충분히 표명되었으니, 그만 학교로 돌아가자. 날은 이미

저물어 가는데 더 이상 큰 길을 점령하고 온 장안의 교통을 마비시킬 수도 없지 않은가…".[3]

경찰과 교섭하여 그동안 구속되었던 학생들이 석방되어 데모에 합류하고, 유진오가 학교로 돌아간 뒤 학생들은 어두워진 거리에서 귀교길에 올랐다. 경찰백차가 선도하는 대로 따라 귀교 도중 을지로 4가에 이르렀을 때 잠복해 있던 수백 명의 깡패들이 천일백화점 앞에서 몽둥이와 쇠갈쿠리로 학생들을 무자비하게 폭행하였다. 청계천변의 종로 4가에는 이들의 폭력으로 고대생 50~60명이 피투성이가 되어 쓰러졌다. 경찰과 짜고 정치깡패들이 저지른 만행이었다.

이 사건은 이승만 정권의 조종弔鐘을 울리는 폭거였다. 평화적으로 귀교하는 학생들을 경찰백차가 안전하게 선도하는 척하면서 정치깡패들이 대기하고 있는 '소굴'로 이끌었고, 그동안 이승만 정권에 기생하며 온갖 이권을 챙겨온 깡패들이 흉기를 휘둘러 학생들을 무자비하게 폭행한 것이다.

다음 날 조간신문에는 온몸에 피투성이가 된 처절한 모습의 학생들의 사진이 실리고, 그동안 은인자중하던 서울의 학생과 시민들이 궐기하여, 마침내 이승만 1인 12년 독재정권이 종언을 고하는 4·19민주혁명의 불길이 타올랐다.

'폭풍을 뚫은 학생제군에게' 사상계 기고문

이승만 폭정에서 학생·청년들에게 줄기차게 민주주의 이념을 설파하고 독재와 싸워온 월간 『사상계』는 4월혁명 후 첫 발행한 1960년 6월호를 '민중의 승리' 기념호로 제작하면서 세 가지 기획특집을 실었다. 특집 1은 '4월혁명의 성격', 2는 '제2공화국의 방향', 3은 '제1장 제1과'였다. 세 특집에 당대의 양심적 교수·지식인 다수가 참여하여 『사상계』의 위상을 보여주었다.

유진오는 특집 1의 첫 장에 「폭풍을 뚫은 학생제군에게」란 시론을 썼다. 고려대학교 총장 타이틀을 달고 쓴 글이다. 그의 시대정신과 역사관이 담겼다. 주요 대목을 골라본다.

위선 나는 이번 정변의 역사적 의의부터 음미해 보려 한다. 나는 이 정변을 우리 민족의 역사상 처음으로 이룩한 민주혁명이라 본다.

이러한 규정에 대하여는 유력한 이의가 있을 수 있음을 안다. 우리는 이미 12년 전의 민주헌법을 채택함으로써 민주주의 제도를 우리나라에 수립하였으므로 우리나라의 민주혁명은 그때에 이루어진 것이 아니냐 하는 것이 그것이다.

그것은 사실이다. 12년 전에 우리는 이미 민주적인 방법으로 국회의원을 선출하였고, 헌법을 제정하였고, 정부를 조직한 것이 사실이다. 그러나 그때에 우리가 민주헌법을 채택한 것은 우리 민족의 자주적인 역량으로 그렇게 한 것이 아니다. 그때의 국제정세의 영향 밑에 말하자면 '밖으로부터의 혁명'을 우리는 피동적으로 받아들인 것에 지나지 않았던 것이다.

한 개의 정치 및 사회체제의 변혁을 자기자신의 힘으로 이룩하느냐, 외부의 힘에 의존하여 이룩하느냐 하는 것에는 커다란 차이가 있음을 명기하여야 한다. 그 차이는 비근한 예를 자수성가로 피땀을 흘려 재산을 모은 자와 일확천금으로 부자가 된 자, 이를테면 불법 또는 간악한 방법으로 적산을 차지하여 일조에 거부가 된 자와의 차이와도 같다 할 것이며, 또한 자수성가로 치부한 자와 노고를 모르고 그 부를 그대로 상속받은 그의 자손과의 차이와도 같다 할 것이다.

선진 구미민주제국이 부자의 후손이기 때문에 파시즘 공산독재 등에게 대두의 여지를 주었다면, '밖으로부터의 혁명'에 의하여 민주헌법을 채택한 대한민국은 일확천금으로 하루아침에 부자가 된 졸부의 처지에 비하여 마땅하다. 그렇기 때문에 민주한국의 출발에는 처음부터 검은 그림자가 따랐던 것이다.

과연 이 신생국가는 그 탄생의 익일부터 탕아의 풍모를 보이기 시작하였다. 자유는 헌신짝 같이 유린되고 관권은 무능·부패·횡포로 차서(거부를 상속한 탕아가 돈을 물 쓰듯 하여 기고만장해 하는 꼴을 연상해 보라) 드디어 3·15선거에 있어서의 국민주권의 박탈이라는 극악의 사태에까지 이르렀던 것이다.

내가 이번 정변을 민주혁명이라고 규정하는 것은 바로 위에서 밝힌 바와 같은 이유 때문이다. 우리 민족이 정의를 위하여 민족의 생존을 위하여, 피를 흘리며 싸운 예는 과거에도 있다. 그러나 우리가 자유를 찾기 위하여 우리의 피를 흘리기는 이번이 처음인 것이다.

이번 혁명에 있어서 수백의 청소년이 꽃봉오리 같은 생명을 잃고 수천의 사람이 고귀한 피를 흘린 것은 뼈아픈 일이다. 그러나 그 대가로 얻어진 자유의 고귀한 가치를 생각할 때 그것이 이 정도의 희생으로써 이루어진 것은 그래도 불행 중 다행이라 아니할 수 없다.

4월혁명에 있어서 청소년 특히 대학생과 고등학교학생 제군이 그 주도세력이 되었다는 사실은 우리에게 또 커다란 교훈을 내리고 있음을 주의하여야 한다. 첫째로 그것은 우리나라의 청소년 학생제군이 썩지 않았으며 그러함으로써 우리 민족의 앞날을 위하여 희망의 등불을 높이 쳐들어 주었다는 의미를 가지고 있다.

다음으로 이번의 혁명과정을 통하여 누구의 눈에나 명확히 인상된 사실은 이번에 그들은 어느 '선배'나 '기성인'들의 가르침이나 사주에 의해 움직인 것이 아니라, 차라리 그들과의 의식적인 절연 내지 대립감으로부터 행동하였다는 점이다. 이것은 아직도 뿌리깊게 우리 사회를 지배하고 있는 장유유서적, 군신유의적 봉건이데올로기의 관점으로부터 볼 때 특히 의의 있는 일이라 하겠다.

나는 우리나라 청소년 학생제군의 나아갈 길에 관하여 몇 마디 나의 보는 바를 개진하여 제군의 참고에 공하고자 한다.

첫째, 제군은 자과自誇하지 말라. 이번 혁명에 있어서 제군은 '견의수명見義授命'하는 청년의 진용을 보여 주었고 폭압에 억눌리어 입이 있으되 감히 말을 못하면서 자포와 자기에 빠져 있던 민중을 위하여 희망의 등불을 높이 쳐들어 주었고, 행동의 목표가 일단 달성되자 제군은 데모대원으로부터 선무대원으로 실변하여 거리의 질서를 회복함으로써 이번 혁명의 대유혈 대파괴의 돌변으로 돌입하는 것을 방지하는 침착성을 유감없이 발휘하였다.

둘째, 혁명은 이것으로서 종결된 것이 아니라, 도리어 이것으로서 시작된 것이라 함을 잊어서는 안 될 것이다. '혁명이 이루어졌다', '성과를 거두었다'라는 유의 표현은 나도 위에서 여러 차례 써온 바이나. 그것은 봉건잔재적·관료독재적, 1인지배의 체제를 무너뜨림으로써 민주개혁으로의 길이 트였다는 의미지, 민주개혁이 이것으로서 완성되었다는 것은 결단코 아닌 것이다.

도대체 민주주의에는 완성이라는 것이 있을 수 없다. 아무리고도화된 민주체제라 할지라도 그것으로서 민주주의가 완성단계에 들어간 것은 아니다. 하물며 이제 겨우 민주화의 대로로 발을 대어 디딘 우리에게 있어서랴.

청년학생 제군의 두 어깨에 메어진 무거운 짐은 이제부터라는 것을 명심하여야 한다. 인간의 생활에는 정지라는 것이 없고 전진이 아니면 후퇴인 만큼 제군의 민주화 추진의 힘이 계속하여 강대한 경우에는 우리나라의 민주화는 계속하여 전진할 것이지만, 만일 그것이 약화되는 때에는 그 순간 우리나라의 민주화는 후퇴되는 것이다.[4]

4월혁명의 후폭풍이 거세게 진행되었다. 교육계도 일대 선풍이 불어서 자유당 정권의 부정선거에 앞장서거나 이른바 '만송족'이었던 대학총학장들이 대부분 쫓겨났다. 대학총장 중 현직을 지킨 이는 유진오가 유일했다. 1960년 10월 유진오는 고려대학교 총장 3기에 임명되었다. 학생들이나 학교재단이 그를 여전히 신임한 것이다.

허정 과도정부에 이어 유진오의 오랜 정치적 신념이기도 했던 내각책임제 개헌이 이루어지고, 장면이 첫 총리로 지명되어 민·참의원 합동회의에서 인준을 받았다. 유진오는 1960년 10월 장면 총리로부터 한일예비회담 수석대표를 맡아 달라는 요청을 받았다. 이승만 정부 때부터 추진되었던 한일예비회담이 국내정세의 변화로 인해 그동안 중단 상태에 있었다.

유진오는 일본으로 건너가 일본 측 관계자들과 협상을 벌였다. 현안으로는 재일교포의 법적지위문제, 재산권 청구문제, 평화선 어업문제 등이었지만, 하나같이 타결이 쉽지 않았다. 회담 기간 중 1961년 4월 18일 4·19혁명 1주년을 맞아 고려대학교의 '4·18기념탑' 제막식에 참석하고자 일시 귀국하였다.

5·16 맞아 재건국민운동본부장으로 변신

유진오는 4월 22일 다시 도쿄로 건너가 회담준비를 하고 있던 차에 국내의 5·16쿠데타 소식을 들었다. 서둘러 5월 23일 귀국했다. 국내는 군인들 무대가 되고 있었다. 국가재건최고회의가 3권을 장악하고 국가를 통치하는 형식의 군사정권이 수립되었다. 4·19혁명 1주년을 지낸 지 며칠 만에 세상은 군부독재로 뒤바뀐 것이다.

박정희 일당은 3천 4백여 명의 군인을 이끌고 서울로 진격하여 합헌정부를 무너뜨렸다. 장면 정부는 50만 이상의 군을 거느리고 있으면서도 0.5% 정도의 쿠데타 반란군에게 정권을 빼앗긴 것이다. 결국 4·19에 흘린 학생·시민들의 피는, 아직 그 핏자국이 선연히 남아 있고, 전국 각 병원에는 수많은 그날의 부상자들이 신음하고 있는 터에 박정희가 쿠데타를 일으킨 것이다.

국가사회적 변혁기에 유진오는 또 한 차례 변신을 보인다.

회담을 중단하고 그달 23일에 귀국한 그는 군사정부로부터 교섭을 받고 국가재건최고회의 기획위원회의 최고고문으로 발탁되고, 이어 6월 10일에는 재건국민운동본부장에 취임하게 된다. 재건국민운동본부는 군사정부의 주요 시책의 일환으로서 군사혁명의 이념 전파와 정통성 정립을 추구할 목적으로 설치된 것이었던 만큼, 그의 본부장에의 취임은 단순한 지지를 넘어서 그 이념 및 필요성에 깊이 공감하고 적극적으로 참여하였음을 의미한다.[5]

군사정부는 국가재건최고회의 산하에 중앙정보부·감사원·수도방위사령부와 재건국민운동본부를 설치했다. 내세우기는 용공사상의 배격, 내핍생활의 여행勵行, 근면정신의 고취, 생산 및 건설의식의 증진, 국민도의 앙양, 정서관념의 순화, 국민체위의 향상 등 7개 항을 내걸고 이에 기초한 여러 가지 사업을 추진한다는 목적으로 재건국민운동본부가 발족되었다.

그해 6월 30일자로 재건국민운동 시·군·구·읍·면 촉진회 회칙이 제정되면서 각급 행정구역 단위마다 지방조직이 이루어졌다. 임원으로는 언론인·출판인·교육자·연예인·종교지도자들이 임명되고, 전국적으로 390만 명의 회원을 확보하였다. 유진오는 이 단체의 총수격인 본부장에 임명되었다.

어떤 경로로 4월혁명의 열렬한 지지자였던 유진오가 군사쿠데타 세력이 설치한 핵심기관(비록 민간운동의 기관이긴 하지만)의 최고 책임자가 된 것인지, 직접 그의 말을 들어보자.

군사정부에서 교섭이 왔을 때 동경에서 어떤 분이 부탁한 그 말(정치인과 군인과의 '다리 역할을 해달라'-필자)이 생각나더군. 그래서 그 교섭을 받아 들인 게야. 일부 사람이 제멋대로 주장 하듯 협박을 받지는 않았고, 나는 기성 정치인과 군인과의 다리 역할을 하려는 방면으로 노력했으나 뜻대로 되지 않았어. 사실 본부장으로 있으면서 당시 박정희 최고회의의장과 조용히 이야기 한 번 못해 보았고… 결국 3개월 만에 본부장직을 그만두었지.[6]

명분이야 무엇이든 그는 다시 한 번 권력지향, 전천후성을 보여주었다. 그가 쓴 '변신'의 명분이다.

5·16군사혁명이 파산한 우리나라의 민주체제를 되찾으려는 데 근본목적이 있음은 뚜렷한 사실이다. 우선 민주주의를 기본으로 하고 있는 대한민국 헌법이 전적으로 파기된 것이 아니라, 혁명과업 수행을 위하여 불가피한 것만이 일시 정지되어 있음에 불과하다는 사실과, 최고회의의장 박 소장이 우리 겨레는 "진정한 자유민주주의를 확립할 것을 갈망하고 있다"고 한 그의 저서 『지도자론』에서 명확하게 말하고 있는 것으로 보아 그것은 의심할 여지가 없는 것이다.[7]

유진오는 박정희의 저서를 텍스트로 인용하면서 자기변신의 합리화를 시도한다. 이 글의 마지막 부문이다.

재건국민운동은 가장 짧은 기간 내에 우리 국민에게 민주국가의 공인으로서 당연히 갖추어야 할 자질을 갖추게 함으로써 우리 민족이 처해 있는 이러한 역사적 임무를 완수할 수 있도록 하기 위하여 시작된 것이다.[8]

유진오는 또 1961년 7월 중앙방송인 HLKA에 출연하여 '마지막 기회'라는 제목의 강연을 했다. "흔히 말하기를 이번 혁명은 우리 민족에게 있어서 '마지막 기회'라고 하는데, '마지막 기회'란 무슨 뜻인가, 왜 이번 혁명이 우리에게 있어서 '마지막 기회'인가 하는 점은 아직도 일반적으로 널리 이해되어 있지 않는 것 같습니다."라고 전제하고 5·16의 의미를 설명한다.

참으로 위험한 고비였습니다. 이 위태한 고비에 군인들이 들고 일어나 조국의 운명을 위기일발에서 건져놓은 것입니다. 만일 이 혁명이 아니었으면 지금쯤은 국내의 불온분자가 깡패 거기다가 이북서 넘어온 대량의 간첩들이 서울 거리를 횡행하며, 파괴·모략·선동·중상·유언비어를 마음대로 자행하며, 온 장안을 혼란의 도가니·공포의 도가니 속으로 몰아넣었을 것입니다.

그러면 이 기회를 왜 우리들은 '마지막 기회'라고 부르는 것일까요. 그것은 이번 혁명을 우리가 성공시켜 무너진 민주체제를 도로 찾지 못한다면, 우리 앞길에는 우익이나 좌익이나 간에 독재정치 밖에는 없기 때문입니다. 만일 우리들이 아직도 꿈을 깨지 못해서 혁명과업 수행을 수수방관한다거나 못마땅하게 백안시한다거나 하는 일이 있다하면, 결과는 생각만 해도 소름이 끼치는 일이 될 것이 명백합니다.

참으로 이번 기회는 우리 민족이 민주체제를 도로 찾느냐 못 찾느냐 하는 최후의 기회입니다. 모든 국민은 한 사람 빠짐없이 혁명과업 완수에 자진 참가함으로써 이번 혁명을 성공시켜야 하겠습니다.[9]

유진오는 재건국민운동을 민주주의 회복의 근간인 것처럼 생각했던 것 같다. 아무리 그렇더라도 1년 전 4월혁명을 침이 마르도록 예찬했던 입으로 민주주의를 압살한 쿠데타를 민주주의 회복의 '마지막 기회'라고 외친 것은 변신지식인의 극렬한 데마고기에 속하지 않을까 싶다.

'최고회의 기관지'에 기고한 글

유진오의 변신은 군사쿠데타라는 위급상황에서 취해진 기회주의적 속성이라기보다 일종의 '신념에 의한 처신'이었던 것 같다. 군사정권은 자신들의 쿠데타를 합리화하고 홍보하기 위해 막대한 돈을 들여 『최고회의보』라는 기관지를 발행하였다. 모든 언론을 장악하고서도 그런 매체를 별도로 만들었다.

5·16 얼마 후에 발행한 창간호에는 유진오의 「재건국민운동

의 성격과 방향」이 실렸다. 유진오뿐만 아니라 이병도·이원우·
최문환·성창환·이관구·조순승·이기석·한재덕 등 저명한 교수·
언론인 등이 쿠데타를 합리화·미화하는 글을 썼다. 유진오의
글이다.

  (…) 5·16군사혁명 이래의 정부의 단호하고도 강력한 모든 시
  책이 여러 사람들의 가슴에 어떠한 의구심을 일으킨 것도 사
  실이라 하겠다. "대한민국에서는 되는 일도 없고 안 되는 일도
  없다"는 속담이 단적으로 말해주듯이 '빽'과 '돈' 보따리가 횡
  행하여 기강이 극도로 해이하고 법과 질서가 문란된 사회환경
  에 젖어온 일반인의 눈에는 비상계엄하에서 정령政令이 추상
  같이 집행되는 광경은 몹시 강렬한 인상을 주었을 것이 확실
  하다.
  일부에서는 심지어 '재건국민운동'의 목표는 과거의 일·독·
  이 모양으로 전체주의 체제를 지향하는 것이 아니냐고 회의하
  는 사람까지 없지 않을 것이다.
  그러나 이곳에 확실히 말하고자 하는 것은 '재건국민운동'은
  5·16군사혁명으로 말미암아 잠시 마비된 우리나라의 민주체제
  를 되찾으려는 목표를 두고 있다 함이다.
  그러나 그렇다면 왜 재건국민운동이 필요하냐, 선진민주국가
  에서는 그러한 운동을 거치지 않고도 능히 민주체제를 확립할
  수 있었던 것이냐 하는 의문이 또 생긴다.
  선진민주국가에서 민주제도 수립을 위하여 무슨 범국민운

동 같은 것을 과거에 했거나 지금 하고 있다는 말을 별로 듣지 못하는 것은 사실이다.

그러나 우리가 잊어서는 안 될 일은 우리는 민주주의를 대통령중심제와 의원내각제의 두 가지 정부형태를 다 시험해 보았으나 두 번 다 그 적절한 운영에 실패하였다는 사실, 그리고 끝판에 가서는 민주주의는커녕 국가 그 자체의 존립마저도 위태롭게 되었다는 사실이다.

우리는 왜 민주체제 운영에 실패하였는가, 이곳에 우리가 생각하여야 할 기본문제가 있는 것이다.

선진민주제국에서 민주체제가 확립된 것은 일조일석에 이루어진 것이 아님은 물론이요 그들은 민주체제를 이룩하기 위하여 장구한 동안 전제적인 지배자들과 피의 항쟁을 거듭했기 때문에 민주체제수립이라는 목적을 달성했을 때에는 이미 그들은 자율·자치의 능력을 충분히 갖추고 있었다는 사실을 우리는 잊어서는 안 된다. 이것이 바로 우리나라의 경우와 근본적으로 다른 점이다. (…)

이러한 제 난제를 극복하고 우리나라 민주체제의 기초를 확고히 한다는 것은 결코 용이한 일이 아니지만, 이 과업을 완수하지 못한다면 우리는 결국 적색전체주의의 손아귀로 떨어지는 수밖에 없기 때문에 어떠한 고난이라도 극복하고 이를 완수하지 않으면 안 되는 것이 지금 우리가 당면해 있는 역사적 임무다.

재건국민운동은 가장 짧은 기간 내에 우리 국민에게 민주국가의 공인으로서 당연히 갖추어야 할 자질을 갖추게 하는 한편 침체된 민족정기를 앙양함으로써 우리 민족이 처해 있는 이러한 역사적 임무를 완수할 수 있도록 하기 위한 운동이다.[10]

바로 1년 전 유진오가 「폭풍을 뚫은 학생제군에게」에서 했던 주장·논리와는 정반대의 글이다. 무엇보다 대통령제와 내각제가 둘 다 실패했다고 주장한 것은 사실왜곡에 속한다. 이승만의 대통령제는 그렇다 치고 제2공화국의 내각제는 이제 겨우 혼란기를 극복하고 신생의 길에 들어섰을 때 5·16쿠데타로 싹을 짓밟아 놓고 이것을 실패한 것처럼 비판한 것은 쿠데타 주체들이 내세웠던 명분과 다르지 않다. 재건국민운동이 민주주의로 가는 길목인 것처럼 내세운 것은 마치 "성서를 읽기 위해 촛불을 훔치는 행위"와 다르지 않을 것 같다.

유진오는 뒷날 민중당 대통령 후보에 추대된 후 한 언론과의 인터뷰에서 재건국민운동본부장으로서 5·16에 참가하게 된 동기를 묻는 기자 질문에 "나는 5·16이 일어났으니 사태를 어떻게 수습하느냐에 관심이 컸을 뿐 5·16을 긍정하는 것으로 국민운동본부장이 된 것은 아닙니다."[11]라고 변명하였다.

어떻게 4·19의 지지자가 5·16의 이념 전파와 정통성 확립의 사명을 앞장 서 떠맡고 나서게 될 수 있었을까? 하기야 이러한 모순적 현상은 유진오 그에게만 독특했던 것은 아니고, 정도의 차이는 있을지언정 당시 식자층의 일반적 경향이기도 했다. 따

라서 유진오의 입장은 현대한국정치사상의 대체적 공통점을 드러내는 것으로 볼 수도 있다.[12]

10장

정계에 투신,
야당의 길

'박정희 헌법' 전문위원으로 징발

쿠데타를 일으켜 권력을 장악한 박정희는 혁명공약의 '원대복귀' 약속을 어기고 여러 차례 정치곡예 끝에 민정참여의 길을 택하였다. 애초부터 그는 권력을 넘겨 줄 생각이 없었다. 1962년 3월 이른바 정치활동정화법을 만들어 구 정치인들의 활동을 묶고, 중앙정보부를 통해 4대의혹사건 등으로 거액의 정치자금을 조성하였다.

그리고 개헌작업을 벌였다. 자신의 권력행사에 걸맞도록 하는 헌법개정 작업이었다. 여기에 다시 유진오는 동원되었다. 재건국민운동본부장을 3개월 만에 사임하고 본업인 고려대학교 총장으로 복귀하고 있을 때이다.

군사정부는 1962년 7월 11일 헌법심의위원회를 발족하면서 21명의 전문위원을 선정하였다. 전문위원은 유진오를 비롯하여 박일경·이형호·한태연·이종극·문홍주·강병두·이명섭·김도창·민병태·윤천주·신직수·이한기·성창환·유민상·박천식·조병완·김성희·김운태·신태환·최호진 등이다. 헌법학자와 정치학·

경제학 교수, 대법원판사 그리고 최고회의의장 고문 등이 참여했다.

　헌법심의위원회는 이주일 최고회의 부의장을 위원장으로 하여 이석제(법사위원장), 김동하(외무·국방위원장), 조시형(내무위원장), 유양수(재경위원장), 김윤근(교체위원장), 김용순(문사위원장), 오치성(운영, 기획위원장), 길재호(법사위원) 등 쿠데타의 실세인 최고회의 위원들로 구성되었다. 유진오는 새 헌법의 실무적 기초작업을 맡게 된 9인 소위원회의 위원장으로 선임되었다.

　새헌법의 문제점을 종합적으로 정리하기 위하여 헌법 학자를 중심으로 유진오·박일경·이종극·문홍주·강병두·이형호·신태환·민병태·한태연 등으로 9인 소위원회를 구성하였다. 이 중 유진오는 대학 강단에서 떠났으므로 참석하지 않겠다고 하였으나 이주일 위원장은 "5·16군사혁명은 국가의 백년대계를 위해 예비역도 동원하였으니 참여하라"고 권하였다. 9인 소위원회는 각 위원이 제출한 문제점을 정리하여 7월 24일 전체 회의에 상정하고, 전체 회의는 ① 헌법전문 ② 기본권의 내용과 보장 방식 ③ 정당 조항의 규정 여부 ④ 국회의 구성을 단원제로 하느냐, 양원제로 하느냐 ⑤ 국가 권력구조를 대통령제로 하느냐, 내각 책임제로 하느냐 ⑥ 법원의 구성과 위헌 법령 심사권 부여 여부 ⑦ 지방자치 단체의 종류 및 그 장의 선임문제 등 12개 항목의 문제점을 확정했다.[1]

제5차 개헌에 해당하는 군사정부의 개헌작업은 이미 박정희의 집권을 예상하면서 권력구조 등이 구상돼 있는 상태에서 진행되었다. 제2공화국의 내각제를 다시 이승만 시대의 대통령제로 환원하는 것이 골자였다. 유진오는 헌법심의위원회에서 자신의 소신이었던 내각제를 주장하였다. 유진오는 뒷날 헌법심의위원으로 참여하게 된 소회를 밝혔다.

> 1962년 여름 최고회의에서 나에게 헌법심의위원이 되어 달라는 교섭이 있었을 때 나는 두 가지 이유로 그것을 수락하기를 꺼려했다. 첫째는 나는 10년 이상 내각책임제의 우월성을 주장해온 사람인데, 당시의 정세로 보아 새로 개정되는 헌법은 대통령제 또는 그것에 가까운 제도를 택하게 될 것이 불가피하였고, 둘째는 내가 맡은 대학에서의 직책과 대한교련회장 기타의 공직 때문에 헌법심의를 위해 충분한 시간을 도저히 낼 수 없는 형편이었기 때문이다.[2]

이런 사유에도 불구하고 유진오는 결국 '징발'되어 개헌작업에 참여했다. 그는 헌법심의위원회에서 자신의 소신이었던 내각제를 주장했다.

> 유진오 의원-① 나는 처음부터 의원내각제를 주장한 사람이다. 미국의 대통령이 국회에서 통과한 법률에 대한 거부권 행사가 2~3백 건이나 되어 입법 기능이 마비된 실례가 있었다.

② 현대 국가는 기능이 복잡하여 권력분립 형태로는 불가능하고 국회와 정부가 밀접한 연관을 가지고 국정을 추진해야 한다. 대통령제는 독재화되기 쉽고 미국식을 모방한 나라에서는 쿠데타로 쫓아내고 정권을 잡는다.

③ 민주당 때는 국회 우월주의적 내각책임제여서 실패했다. 영국은 국회와 정부가 똑같이 견제력을 발휘하는 내각책임제이다.

④ 국회와 정부가 상호 견제 협력하며, 정부 권력의 비대화를 막는 대통령제라면 찬성이지만, 그러한 제동이 없이 대통령에게 강력한 권한을 주자면 반대다.

⑤ 정부와 국회가 대립되면 대통령 제도는 국정의 마비와 독재를 초래한다. 이 박사의 경우 6·25 사변통에 공산당과 싸우는데 국회에서 사사건건 반대하므로 마비 상태에 빠지니까 독재화한 것이다.[3]

군사쿠데타 주역들에게 유진오의 내각제 개헌 주장이 통용될 리 없었다. 결국 제5차 개헌안은 제헌헌법보다 더 강력한 대통령중심제로 채택되고, 12월 17일 국민투표라는 요식 절차를 거쳐 26일 확정·공포되었다. '이승만 헌법'이 '박정희 헌법'으로 바뀐 셈이다.

헌법 전문에 제헌 당시 "3·1운동의 정신을 계승한다"는 것에 "4·19의거와 5·16혁명 이념"을 삽입하였다. 4·19혁명은 '의거'로 격하하고, 5·16쿠데타는 '혁명'으로 둔갑시켰다. 4월혁명 후 개정된 헌법정신이 심각하게 훼손되었다.

고대 총장 사임, 대학발전에 기여

새 헌법이 공포되고 박정희는 민주공화당(공화당)을 창당하여 1963년 10월 15일 실시한 대통령 선거에서 야당의 윤보선을 15만 표 차이로 누르고 제5대 대통령에 당선되었다. 군복에서 민간복으로 갈아입었을 뿐 사실상 군정연장이었다.

대학으로 돌아온 유진오는 조용히 학교일에 열중하면서 지냈다. 1964, 5년 박정희의 굴욕적인 한일회담으로 학생들의 시위가 거세게 일어나고, 정부가 계엄령으로 진압하는 등 폭압통치가 계속되었다. 각 대학의 교수·지식인들의 굴욕회담 반대성명에도 그의 이름은 보이지 않는다.

유진오는 1965년 10월 7일 고려대학 총장에서 물러났다. 3기에 걸쳐 13년, 총장서리와 대리까지 합하면 고대 총장만 15년이다. 이 기간 그는 대학발전에 많은 기여를 하였다. 총장의 긴 이임사에서 남다른 감회를 담았다.

15년 동안, 나는 이 안암의 일각에서 격동하는 세상을 응시해 왔습니다. 전쟁의 참화로부터 다시 일어나려는 민족의 몸부림을 느끼고 바라보아 왔습니다. 학생과 시민들이 밀물같이 거리를 휩쓰는 가운데 영구불멸을 자랑하는 듯하던 권위가 일조

에 무너지는 광경도 보았고, 청년장교의 일단에 나라의 면영面
影이 하루아침에 색깔을 바꾸는 일도 경험하였습니다.[4]

유진오는 총장직을 내려놓았으나 명예교수 등을 유지하면서
고려대학교와의 인연을 오랫동안 더 유지하였다. 퇴직금과 인
세 등을 모아 서울 중구 필동에 아담한 한옥을 구입, 사망할 때
까지 이 집에서 살았다.

민중당 대통령 후보에 영입돼

고려대학교 총장에서 물러나 모처럼 한적한 생활을 하던 유
진오는 1966년 10월 21일 민중당民衆黨에 입당하고 다음 날 시
민회관에서 열린 대통령 후보 선출 전당대회에서 대통령 후보
에 지명되었다. 1,048명의 대의원 중 872표라는 압도적인 지지
를 얻었다. 학자로서, 대학관리자로서 반평생을 살아온 그가 뒤
늦게 정치일선에 뛰어든 것은 격동하는 정치정세 특히 박정희
의 독주에 제동을 걸기는커녕 이합집산을 거듭하는 야당의 분
열상 때문이었다. 그가 '뛰어든' 것이 아니라 영입된 것이란 표
현이 보다 정확할 것이다.

민중당 대통령 후보에 지명된 유진오는 수락연설에서 "재야
정당 통합이 지상과제이기는 하나 그것이 현실적으로 어려운
것인 이상 우리의 당면목표를 재야 민주세력의 연합전선 내지

재야 대통령 후보 단일화로 압축하는 수밖에 없다"고 천명했다. 이날 대회에서는 "합헌적인 정권교체를 위해 야당후보 단일화에 최선을 다한다" 등의 결의문을 채택했다.

5대 대통령 선거와 6대 국회의원 선거에서 야당 후보의 난립으로 국민의 지지를 집결시킬 수 없었다는 반성과 함께 막강한 군사정권에 보다 효율적으로 대항하기 위해서도 강력한 단일정당을 결성해야 한다는 국민의 여론이 빗발쳤다. 이에 따라 1965년 5월 3일 민정·민주 양당 통합선언대회와 6월 14일 전당대회를 열어 '민중당'이 창당되었다.

5·16군사쿠데타로 제3공화국이 출범한 이후 이합집산을 거듭해 왔던 야당이 단일정당으로 통합 활동에 돌입하였다는 데에서 정치적 의미가 적지 않았다.

민중당은 창당과 함께 한일회담 저지를 당면의 가장 중요한 투쟁목표로 설정하였다. 한일회담 저지가 원내 투쟁에서 끝내 불가능할 경우 소속의원 전원이 의원직을 사퇴하는 결의문을 통합선언대회와 전당대회에서 채택하기로 하고 본격적인 대일굴욕외교 반대투쟁 개시를 선언하였다.

그럼에도 1965년 6월 22일 한일협정이 정식 조인되자 민중당은 고문 윤보선의 단식투쟁, 전국적인 한일협정반대 유세 그리고 7월 5일 재야의 대일굴욕외교 반대투쟁위원회와 공동으로 효창운동장에서 성토대회 등 국회비준저지를 위한 실력행사에 들어갔다. 7월 14일 공화당이 한일협정 비준동의안과 베트남파병 동의안을 전격적으로 발의하자 소속의원 전원이 의원직 사퇴를 결의하였다.

그러나 민중당은 이를 계기로 강·온파의 대립이 표면화되었다. 구 민주당계열은 원내 투쟁을 주장하였고 구 민정당계열은 의원직 사퇴와 원외 강경투쟁을 주장하여 맞서게 되었다. 결국 윤보선 등 7명의 강경파 의원이 의원직을 사퇴하였으나, 원내 투쟁이 국회의원으로서의 책임을 다하는 것이라고 주장한 박순천 중심의 온건파와 대립이 더 이상 돌이킬 수 없는 상태로 악화되었다.

급기야 윤보선 등 강경파 의원들이 1965년 11월 1일 신당 창당을 선언함으로써 민중당은 창당 6개월 만에 사실상 분당상태로 빠져들게 되었으며 결국 강경파 중심으로 '신한당'을 창당하기에 이르렀다.

유진오는 민중당의 대통령 후보로 추대되었으나, 계파정치가 극심한 통합야당에서 더욱이 필마단기로 영입된 처지에서 정치력을 제대로 발휘하기가 쉽지 않았다. 하지만 민중당의 「정강」과 「정책」은 그의 손길이 크게 미쳤다.

민중당 정강

1. 우리는 진정한 자유민주주의에 입각한 새 시대의 선구자가 된다.

2. 우리는 일체의 독재를 배격하고 책임을 존중하는 대의정치제도를 바로 세워 헌정의 질서를 확립한다.

3. 우리는 개인의 창의와 기업의 자유를 기본으로 하는 합리

적 정책을 책정, 실시하여 민생의 안정을 도모하고 복지사
회를 건설한다.

4. 우리는 국력을 배양하고 유엔 및 민주우방과의 유대를 공
고히 하여, 자유민주주의의 기본질서 아래 국토통일을 기
한다.[5]

민중당 정책

1. 독재정치, 군사정치, 과장된 민족적 민주주의의 도전과 난
무로부터 국민을 보호한다.

2. 경찰 중립화

3. 명랑한 정치기풍을 조성, 전진적 보수주의를 지향한다.

4. 공명선거를 보장하기 위해 선거관리내각을 구성한다.

5. 내각책임제로 개헌, 대통령의 권력 비대를 감축하고 군의
정치적 중립, 선거관계법의 개정, 정당조항 삭제, 비례대표
제 철폐를 실현한다.

6. 민간경제의 육성과 3차산업의 기형적 발전을 시정한다.

7. 중소기업의 수출산업으로의 전환을 지원한다.

8. 백만 안전농가를 조성한다.

9. 실업자 구제를 위해 기아공채법, 기아기본법 등을 정하
여 항구적인 안착직장을 보장하기 위한 직업공원을 설치
한다.

10. 굴욕적인 한일교섭을 재검토, 한일회담에 있어 우리 국
민의 평화선 주장은 존중되어야 하고 어로협정도 연안어

족 자원보호의 선례법이 존중되어야 하며 청구권 및 경제
협력도 주고받는 해결을 해야 한다.[6]

야권통합 위해 대선 후보 양보

민중당 대통령 후보에 지명될 때 유진오는 만 60세였다. 정치
입문 치고는 너무 늦은 나이였지만, 당시 정당들은 대선 후보나
당대표를 당 밖에서 영입하는 일이 종종 있었기에 뜬금없는 일
은 아니었다. 이로써 유진오는 "예술적인 환상 속에 자신의 생
애를 극적으로 종합할 정치생활"[7]이 시작되었다.

그가 민중당에 입당하면서 내세운 명분은 합헌적 정권교체
였다. 합헌적 정권교체라는 당면 목표는 그가 야당 정치인으로
활동하는 동안 그 자신의 말이나 신민당의 정강정책을 통하여
거듭 확인되고 강조되었다. 그러면서 자신이 추구하는 한국의
미래상을, 한동안 사용을 기피했던 '정치적 민주주의와 경제적
민주주의의 토착화'라는 용어를 다시 끌어내어 표현했다.[8]

1963년 10·15대선에서 불과 15만여 표 차이로 정권교체에
실패한 야당은 1967년의 대회전을 앞두고도 민중당과 신한당
으로 분열되어 노골적인 대립상태를 보이게 되었다. 이러한 야
당의 분열상태에 대해 국민의 비판이 거세게 일자 뜻을 같이하
는 재야인사들이 모여 통합작업을 벌였다.

1966년 말 김도연·백낙준·허정·이범석·이인·장택상 등 야권

의 원로들은 민중·신한 양당의 통합을 추진하도록 촉구하고, 해가 바뀐 이듬해 1월 23일 신한당의 윤보선이 4자회담을 제의했다. 4자회담은 민중·신한 양당에서 대통령 후보로 지명된 유진오·윤보선을 비롯해 한때 민중당 대통령 후보의 물망에 올라 있던 백낙준·이범석이 포함되었다. 4자회담은 형식상으로는 윤보선에 의해 제의되었지만, 장준하와 함석헌 등 재야인사들이 더 이상 야권분열로 박정희의 폭압정치가 지속해서는 안 된다는, 막후조정의 역할로써 가능하게 되었다.

4자회담의 결과 윤보선 대통령 후보, 유진오 당수 선에서 원만한 합의를 보아 양당의 통합작업이 극적으로 전개되었다. 후보와 당수가 분리되고 실무 9인 위원회가 결성되자 통합작업은 외부의 훼방이나 불순세력이 개입할 여지도 없이 전격적으로 추진되어 단일야당의 출현을 보게 되었다.

1967년 2월 7일 서울시민회관에서 열린 양당의 통합선언 및 창당대회는 만장일치로 대통령 후보에 윤보선, 당 대표에 유진오를 선출, 단결된 모습을 보여주었다. 언론의 초점과 국민의 관심은 당 대표보다 대통령 후보에게 모아졌다.

신민당은 반독재와 평화적인 정권교체라는 2대 투쟁목표를 내걸고 박정희 정권과의 대결에 나섰다. 5·16쿠데타 이후 최초로 범야권의 대동단결이었다.

그러나 1967년 5월 3일 실시된 제6대 대통령 선거는 박정희가 총투표수의 51.4%에 해당하는 568만여 표를 얻어 윤보선을 116만여 표 차이로 누르고 재선되었다.

5·3선거에 나타난 투표성향은 여촌야도의 전통이 무너져 도시의 지식층과 근로계층에서도 집권당 지지도를 나타내 공화당의 4년 치적에 긍정적인 반응을 보인 데 반해, 호남 푸대접론이 생길 만큼 호남에서 여당이 패배, 여야의 지지분포가 4년 전의 남북현상에서 동서현상으로 바뀌었다.

공화당의 박 후보는 그의 아성인 영남지방에서 3대 1에 가까운 몰표를 얻어 신민당의 윤 후보를 크게 눌러 대세를 결정지었다. 영남지방에서 나타난 득표의 차이는 박정희 후보가 윤보선 후보를 눌러 이긴 전체의 표수 차이를 앞질렀다. 윤 후보는 영남지방에서 참패한 대신 서울·경기·충남북에서 다소 리드하기는 했으나 영남과 강원에서의 실세를 만회하지 못했다.

이 선거과정에서 윤 후보의 지원유세에 나선 장준하 『사상계』 사장이 "박정희는 우리나라 청년의 피를 월남에서 팔아먹고 있다"는 등의 발언으로 '국가원수모독죄'의 혐의로 구속되는 등 선거 후에 야당 인사들에 대한 일대 검거 선풍이 불었다.

전통야당 신민당 총재로 추대

재집권에 성공한 박정희는 같은 해 6월 8일로 다가온 제7대 국회의원 총선거에 전행정력을 집중했다. 공화당은 대통령 재선의 여세를 몰아 집권당의 입장에서 행정조직의 측면지원을 받은 데다 풍족한 자금을 동원해 유리한 조건 아래 선거운동을 전개했다. 신민당은 자금·조직에서 열세를 면치 못했다.

5월 15일 입후보등록이 마감되자 전국 131개 선거구와 전국구에 출마한 입후보자는 모두 821명으로 평균 5.4 대 1의 경쟁률을 보였다. 유진오는 당시 '정치 1번지'로 통하는 서울 종로갑구에 후보로 등록하고 전국적인 지원유세에 나섰다. 선거전이 시작되면서 공공연한 관권 개입과 금품수수, 각종 선심공세와 향응 제공, 유령유권자의 조작과 대리투표·공개투표·폭력행위 등 온갖 부정과 타락이 공화당 측에 의해 자행되어 선거분위기가 극도로 흐려졌다.

공화당은 득표를 위해 유권자들을 모아 들놀이·친목회·동창회·화수회·부인계 등을 벌이게 하고 타월·비누·수저·돈봉투를 돌리는 등, 3·15부정선거를 뺨치는 광범위한 부패선거를 거침없이 자행했다.

여야당은 '안전세력 확보'와 '공화당 독재 견제'를 선거구호로 내세웠으나, 정책이나 선거구호는 이미 관심권 밖이고 정부여당의 선심공세와 각종 탈법·폭력행위가 공공연하게 난무하는 타락상을 보였다.

6·8총선이 이렇게 타락선거로 시종하게 된 것은 박정희가 71년 이후를 내다보고 원내에서 개헌선을 확보하려는 속셈이 있었고, 신민당은 결코 개헌선을 허용할 수 없다는 데서 과열경쟁이 나타나게 된 때문이다. 박정희는 이때 이미 장기집권을 구상하면서 재선의 임기가 끝나기 전에 7대국회에서 개헌을 감행해서라도 계속 집권할 생각으로 6·8총선을 무리하게 끌고 간 것

이다.

6·8선거는 5·3선거와 비교할 때 불과 한 달 만에 유권자 수가 78만여 명이 증가하는 등 유령유권자 조작과 온갖 부정 속에서 공화당의 일방적인 승리로 마무리되었다. 공화당은 당초에 목표한 대로 개헌선(117명)을 훨씬 넘는 130석(전국구 27명, 지역구 103명)을 차지했으며, 신민당은 44석(전국구 17명, 지역구 27명), 대중당이 1석(서민호)을 차지했을 뿐 나머지 군소정당은 단 1석도 얻지 못했다.

유진오는 종로에서 거뜬히 당선되고, 장준하·서민호 후보가 옥중 당선되었으며 전국적인 관심의 대상이었던 목포에서는 김대중 후보가 승리했다. 신민당은 6·8선거를 사상 유례없는 부정선거로 규정하고 『부정선거백서』를 만드는 한편, 전면 재선거를 요구하며 6개월간 등원을 거부했으나 무위에 그치고 말았다.

유진오는 당 대표로서 총선거를 지휘하면서 박정권의 부패타락상에 치를 떨면서 좌절감에 빠진 당을 서둘러 체제정비에 나섰다. 야당의 터줏대감격이었던 윤보선이 대선 패배 후 정계를 은퇴한 그 자리에 유진오가 공백을 메꾸어야 했다. 시국은 야당에 유리하지 않았다. 1968년 1월 21일 북한 무장간첩의 청와대 습격사건에 이어 1월 23일에는 미해군정보수집 보조함 푸에블로호가 북한군에 의해 나포된 사건이 일어났다.

공안정국이 조성되고 6·8부정선거를 규탄하며 전국적으로 전개되던 학생시위와 신민당의 강경한 대여투쟁도 공안정국에서 밀려났다. 공화당은 이런 기회를 이용하여 향토예비군 설치법을 5월 6일 국회에서 단독으로 처리했다. 유진오는 "국민의 자유와 인권을 심대하게 침해하는 중대 법안을 공화당이 단독으로 처리한 것은 용납할 수 없는 폭거"라고 강력히 비판했다.

연초부터 터진 국내외의 중대한 안보문제로 어수선한 가운데 신민당은 5월 20일부터 3일 간 전당대회를 열고 당 체제 정비에 나섰다. 첫날 전당대회에서는 지도체제 문제를 놓고 설전을 벌이다가 표결 끝에 단일지도체제의 당헌을 통과시켰다. 이 당헌에 따라 당 총재의 권한이 대폭 강화되었는데 이튿날 속개된 대회에서 대표위원 유진오를 만장일치로 총재로 선출했다. 윤보선이 빠진 자리를 유진오가 메꾸면서 유진오의 신민당 체제가 개막되었다.

유진오는 수락연설을 통해 "국민의 열광적인 신임을 얻기 위해 분파주의에서 탈피하고 연구하는 정당의 자세를 갖추어 대중과 완전히 호흡을 같이 하는 새로운 신민당을 구축하겠다"고 밝혔다. 유진오 총재는 당 체제 정비에 나섰으나 원내총무 인선을 두고 난항을 겪었다. 구주류가 사사건건 발목을 잡았다.

여기에 공화당정권은 6·8부정선거 후 부정선거 관련자 처벌과 선거법 개정 등 여야 간에 합의했던 '합의의정서'까지 파기하고, 정보기관에 의한 야당의원과 언론인 테러사건에 이어 각종 괴벽보·괴편지·폭발사건 등으로 정국을 경색시켰다.

박정희의 3선개헌을 위한 공포분위기 조성이 목적이었다. 유진오는 지극히 어려운 시기에 제1야당의 책임을 맡아 박정희와 대결하게 되었다.

당 기관지 '민주전선' 창간

박정희는 집권 이래 언론을 탄압하여 국민의 알권리와 야당의 활동을 크게 제약시켰다. 그가 재선에 성공하면서부터 언론사 사주들은 더욱 권력의 눈치를 보게 되고, 신문들은 비판적 논조를 접고 기껏 양비론을 펴거나 대부분 정부여당의 홍보지, 어용화의 길을 걸었다.

신문들은 유진오 당수가 아무리 박 정권의 비행을 비판·폭로해도 제대로 보도하지 않고 외려 이를 비난하는 기사로 지면을 채웠다. 유진오는 1968년 8월 15일 당 기관지 『민주전선民主前線』을 창간하였다. 제도언론에 대한 기대를 접고 자체 언론을 통해 당의 활동을 알리고 정부여당의 비정을 고발하기 위해서였다.

원래는 제호를 『民主戰線』이라 지었다가 일부에서 해방 후 좌파계열의 연합전선으로 '민주주의민족전선民主主義民族戰線'의 약칭이 '민족전선'이어서 자칫 혼돈할 오해의 소지가 있다는 이유로 싸울 전戰자 대신 앞 전前자를 제호로 사용하게 되었다.

『민주전선』의 제호는 유진오가 직접 썼다. 어릴 적부터 그림과 글씨에 소양이 있어서 그의 휘호는 상당한 수준에 이르렀다.
『민주전선』이 제15호로서 창간호를 낸 것은 통합되기 이전의
신한당과 민중당에서 각각 제14호까지 기관지를 발간한 바 있
어서, 이를 승계한다는 의미에서였다.

유진오는 창간사 격인 주창 난의 "「민주전선」을 요새화하자"
는 제목의 글에서 다음과 같이 피력한다. 주요 대목을 뽑았다.

일본 제국주의의 사슬로부터 해방된 지 23돌을 맞이하는 오
늘 반일·반공·반독재·반부패의 전통에 빛나는 신민당이『민주
전선』이라는 제호의 당기관지를 새로이 발간하게 된 데에 대하
여 감회가 깊은 바 있다.

18·19세기에 비하면 오늘의 10년은 과거의 100년에 해당하
는 것으로서 흘러간 23년을 과거의 200년과 맞먹은 것이라 할
수 있다. 따라서 구미의 근대화가 2, 300년의 시간을 소요하였
다고 한다면 성년 조국의 근대화도 앞으로 7년 안에 완전에 가
까운 모습으로 이루어져야겠다는 것이 나의 소원이요 우리당
의 희망이다.

그런데 우리의 현실은 어떠한가. 경제적 근대화는 물론 정치
적·사회적 근대화 또한 요원하다. 경제적 근대화는 민족의 독립
을 위협하는 외채망국의 부정과 낭비 속에 추진되고 있을뿐더
러 절대다수 국민을 빈곤 속에 몰아넣은 반사회적 정책으로 일
관되고 있다.

한편 정치적 근대화는 오히려 후퇴를 거듭하여 군사쿠데타

의 위협 속에서 헌정이 유린되어 마침내 언론자유와 사법권의 독립마저 위태로운 상태에 놓이게 되었을 뿐더러 양당제도와 합헌적 정권교체의 꿈은 아직도 그 실현을 보지 못하였다. 따라서 사회적 근대화는 고대와 현대가 공존하며 삼강오륜과 비틀즈가 동상同床하고 한국·미국·일본이 뒤섞인 상태에 있다고 해도 과언이 아니다.

해방 23년을 맞이한 오늘에 이르러 항일·반공·반독재·반부패 투쟁의 유일무이한 우리 신민당이 당기관지를 새로운 제호를 『민주전선』이라고 작명하게 된 이유는 바로 이 민족적인 자유와 평등의 결실기에 대처하기 위한 마음가짐에서이다.

결실기일수록 땡볕은 강한 법이다. 마지막의 박해와 고난은 더 심한 것이 상례이다. 이 박해와 고난을 이겨내지 못하면 추수는 약속되지 않는다. 20년 전 우리들이 약속 합의한 자유와 평등의 민주기지가 마지막 폭양을 이겨내기 위해서는 요새화가 요구된다. 바로 민주전선지는 이 요새화 운동의 조직자이며 선전자의 임무를 다하게 될 것이다.

적색·백색 일체의 독재에 이겨낼 수 있는 자유통일의 보루로서의 대한민국의 요새화에 충실히 이바지할 결심이다. 안으로 부정부패와 불법 특혜를 몰아내며 밖으로 적색침략을 물리치면서 건국의 맹약인 통일기지로서의 대한민국을 굳세게 다듬어야 한다.

오늘 해방기념일을 당하여 그리고 민주전선지를 발행하면

서 나는 지나간 날의 잘잘못을 탓하려 하지 않는다. 다시 우리 온 겨레가 23년 전의 8·15의 감격으로 되돌아가기를 바라마지 않는다. 우리들 서로의 굳은 다짐이었다. 정치적·경제적·사회적 민주정치를 확립시킴으로써 여·야 만민이 웃으면서 경합하고 결합하면서 서로를 도울 수 있는 자신에 찬 민족의 모습을 김일성 도당과 세계 앞에 과시하고 싶은 마음 간절하다.

　정부는 이 민족의 소원과 저력에 대하여 오판하지 말고, 국민은 끈질긴 우리 민족의 생명력에 대하여 다시 긍지를 가다듬자.[9]

『민주전선』은 1, 민주주의의 완성. 2, 대중경제의 구현. 3, 민족통일의 실현이라는 사시를 내걸고, 박정희 정권의 온갖 탄압 아래서도 신민당의 당보 이상의 활동을 하였다. 제도언론이 쓰지 못한 기사를 싣고 재야·학생들의 시국선언문을 그대로 실었다.

당원들뿐만 아니라 일반 시민들이 즐겨 찾았고 학생들이 아르바이트로 유료 가판을 하다가 도로교통법 위반이란 이유로 경찰에 붙잡혀 가는 일이 빈번하였다. 신문은 주간으로 발행되고 정부가 외부 인쇄소에 압력을 넣자 안국동 당사에 자체 인쇄실을 갖춰 발행하였다. 야당 사상 최초의 일이다.

11장

신민당 총재로서
3선개헌
반대투쟁

박정희의 3선개헌 저지투쟁

1969년은 한국민주주의가 또 한 차례 수난을 당하고 헌법이 갈기갈기 찢겨 헌누더기 신세가 되는 해였다. 박정희는 영구집권을 위해 6·8부정선거를 통해 개헌선에 이르는 원내세력을 확보하고 공안통치를 자행하면서 비판세력에 재갈을 물렸다.

유진오는 1969년 1월 초 「과잉권력과 과잉부패의 60년대를 벗어나자」라는 제목의 연두사에서 박정희의 3선개헌 야욕을 비판하고, 횡행하던 정보정치의 타도를 선언했다. 유 총재는 "4·19로 막을 올린 60년대가 5·16으로 뒤집어진 이후 인간부재·정신부재, 언론부재·정치부재의 시대가 시작되었으며 권력과 부패는 범람하고 정치적 배신과 경제적 부담은 가중되었다"고 박 정권 8년을 신랄하게 공박했다.

유 총재는 또 1월 17일 안국동 중앙당사에서 연두회원을 갖고 "당의 운명을 걸고 개헌음모를 분쇄하겠다"고 결의를 밝히면서, "3선개헌을 추진하고 있는 세력은 한 줌도 안 되는 사람들" 뿐이며, "국민 대다수는 이를 원치 않고 있다. 신민당은 당의 운명을 걸고 대통령의 3선개헌 저지투쟁을 벌이며, 사태에 따라 신민당 소속 국회의원들이 총사퇴하는 것도 고려하겠다"고 천명했다.

박 정권은 1968년 12월 17일 공화당 당의장 서리 윤치영을 통해 부산에서 "민족중흥의 과업을 이룩하기 위해서는 무엇보다 강력한 정치적 리더십이 필요하다"면서 3선개헌에 대한 애드벌룬을 띄우기 시작했다.

박정희는 개헌문제가 야당의 심한 반대에 못지않게 공화당 내에서도 김종필 계열의 반발에 부닥치자 일차적으로 '항명파동'을 통해 이들을 숙당하는 등 정리작업을 벌였다. 이런 과정을 거친 박 대통령은 1969년 7월 25일, "여당은 빠른 시일 안에 개헌안을 발의하고 야당은 합법적으로 반대운동을 펴달라"는 등의 7개 항을 통해 개헌추진에 대한 공식적인 입장을 발표하기에 이르렀다.

마침내 박정희는 '건널 수 없는' 다리를 건너는 무리수를 던진 것이다. 7월 28일, 공화당은 백남억 정책의장이 마련한 3선 연임 허용과 국회의원의 각료직 허용을 내용으로 하는 개헌안 골격을 확정한 뒤 소속의원들에 대한 설득작업에 나섰다.

신민당은 이에 앞서 5월 1일 제3차 정기전당대회를 열어 유진오를 총재로 재신임했다. 유 총재는 이날 기조연설을 통해 "박정희의 3선개헌은 아무리 합헌적인 절차를 밟는다 하더라도 대한민국을 인민공화국으로 바꿀 수는 없는 논리와도 같이 3선개헌은 민주주의에 대한 조종弔鐘이며 실질적인 국체변혁으로서 우리 국민은 국시인 민주공화국을 위협하는 세력에 대해서는 백색이든 적색이든 가릴 것 없이 이에 대항할 정당한 권리가 유보되어 있다."[1]고 선언했다.

유진오는 이승만이 헌법을 유린하면서 끝내 몰락하는 사태를 지켜보아온 터여서, 그의 몰락 9년 만에 다시 박정희가 자신이 만든 헌법을 짓밟으면서 영구집권을 획책하는 반헌법의 처사를 '국체의 변혁이고 민주주의의 조종'이라 규정하면서 호되게 질타했다.

그럼에도 권력에 중독된 박정희는 3선개헌이라는 '눈먼 열차'의 운행을 멈추려 하지 않았다.

개헌안은 공화당 108명, 정우회 11명, 신민당 3명 등 모두 122명의 국회의원이 서명하여 국회에 제출되었다. 서명과정에서 청와대·중앙정보부 등 권력기관이 총동원되어 김종필계 의원들을 협박과 회유로 끌어들이고, 성낙현·조흥만·연주흠 등 신민당 의원 3명까지 변절시켜 개헌대열에 끌어들이는 '솜씨'를 보였다. 이승만의 폭력과 우격다짐보다는 '근대화된' 정치공작을 통해 요리한 것이다.

그러나 공화당 총재를 지낸 정구영은 끝까지 개헌안 서명을 거부함으로써 공화당은 107명이 서명했다. 신민당은 3인 변절자들의 의원직을 자동상실케 하기 위한 방법으로 9월 27일 당을 해산했다가 20일 복원시키면서 이 기간 동안 신민회란 이름의 국회교섭단체로 등록했다. 유진오는 박정희의 3선개헌을 영구집권의 사전 작업으로 보고, 단호한 대결에 나섰다.

당 소속 세 명의 의원이 개헌에 찬성의사를 밝히자, 단지 그들을 제명하는 것에 그치지 않고 의원자격 자체를 박탈시키고자 하였다. 유진오는 당시 당이 해산되면 의원의 자격을 상실케 한 법률을 이용하였다. 먼저 그 3인의 의원을 남겨두고, 다른 의원들을 모두 제명 처리한 후, 당을 해산시켰다. 그로써 3인의 의원자격은 박탈되었고, 나머지 의원들은 다시 모여 재창당을 하였다. 유진오는 파격적인 리더십을 선보였다.[2]

유진오 총재는 "3선개헌은 민주주의가 돌아오지 않는 다리이며, 이 다리를 넘어서는 날에는 평화적 방법으로 민주주의를 되찾을 길이 영원히 막힐 것"이라며 개헌저지 투쟁을 지휘하였다.

3선개헌 저지에 정치생명 걸어

유진오는 3선개헌 저지에 정치생명을 걸다시피 하였다. 6월 23일 국회본회의에서 강경한 톤으로 3선개헌 반대 대정부 질의를 할 때는 장경순 부의장과 공화당 소속 의원들의 난동으로 발언이 저지당하기도 했다. 그런 상황에서도 박 대통령의 권력욕을 비판하고 서울을 비롯 대도시 중심의 강연회에 나가 개헌의 부당성을 시민들에게 직접 설명하였다.

박정희의 개헌공작이 속도를 더해가면서 유진오의 발언수위는 더욱 높아졌다. 6월 15일 개헌반대 강연회의 연설에서는 "총 있으면 쏘고 싶은 심정"이라며 "언제부터 박정희 씨냐? 박 없어도 더 잘 살 수 있다."[3]고 쏘아댔다.

유진오는 7월 7일자로 「박정희 대통령에게 드리는 공개장」을 통해 거듭 3선개헌의 부당성을 지적하면서 자진철회할 것을 촉구했다. "금년 초 이래 귀하의 측근 막료들인 일부 공화당 중진들에 의해 제기된 소위 3선개헌 문제로 벌써 10여 일을 두고 순진한 애국 청년학생들이 유혈의 반대 투쟁을 벌이고 있는 사태에 대하여 본인의 소견을 말씀드리고자 한다"면서 3선개헌의 반민주 부당성을 낱낱이 들어 비판했다.

유진오는 이 공개장에서 어조는 정중했지만 내용은 촌철살인의 논리와 외국의 사례를 들면서 국가안정과 국민통합 그리고 민주주의 발전을 위하여 박 대통령이 스스로 개헌안을 철회하라고 촉구했다.

야당 총재의 우국적인 충고 따위는 아랑곳하지 않고 박정희는 7월 25일 '대통령 신임투표 담화'를 통해 3선개헌과 자신의 진퇴문제를 묶어서 국민투표에 부치겠다고 발표했다. 일종의 대국민, 대야당 협박전술이었다. 후진국 독재자들이 예외 없이 써먹은 수법이었다. 박정희는 이 담화에서 "심지어 야당 당수는 나에게 규탄 형식의 공개 서한을 보내 와 '개헌 안 하겠다'는 약속을 하라고 강요해 왔고, 끝내는 전국 유세를 펴 있는 말 없는 말로 마치 적대 정부라도 규탄하듯 온갖 욕설을 나와 이 정부에 퍼붓고 국민을 선동하고 있다"고 오히려 적반하장격의 주장을 폈다.

유진오는 이와 관련 다음날 반박 성명을 냈다.

박정희 담화 반박 성명

박정희 씨는 신임과 3선개헌을 결부시켜 국민을 현혹·위협했는데, 신임과 3선개헌과는 아무런 관계도 없는 것이다. 집권당 안에도 개헌에 반대하는 의원이 많기 때문에 현재로서는 개헌반대 세력이 개헌 지지선인 59명을 훨씬 앞서고 있으며, 비록 공화당 내의 일부 반대 세력이 설득을 당하더라도 최소한 7~8명선을 상회할 것이다.

공화당 의원 가운데 용기와 신념을 가지고 개헌 지지를 위해 싸운 사람들에게는 신민당의 선거구를 내어 주겠다. 신민당은 박 대통령의 실정을 비판하고 3선개헌에 반대해 왔지만, 그의 임기 전 퇴진을 요구한 일은 없다. 그러나 개헌안의 부결에 따라 박 대통령이 공약대로 물러난다 해도 신민당은 국회에서의 대통령 선출에 후보를 내지 않겠다.

국민이 4년의 정권을 공화당에 준 것이기 때문에 공화당 측에서 용기와 양심을 가지고 개헌 저지에 나선 분 중에 후보가 나서면 적극 지원하는 것이 정치 도의상 옳은 일이며, 또 신민당은 그러한 변칙적인 방법으로서의 정권을 원치 않는다.

박 대통령은 야당이 그에게 인신공격과 욕설을 퍼부었다고 비난했지만 독재정치, 경제정책의 실패, 부정부패·민심이탈 등에 대한 비판과 경고가 욕설이 되는지, 정치적 비판이 되는지는 국민이 잘 알고 있다. 비판을 거부하는 정치는 즉 독재정치이다.

야당은 지금까지 3선개헌을 반대해 왔을 뿐인데, 박대통령은 3선에는 일언반구 언급이 없고, 야당이 마치 일방적으로 개헌이 불가능하다고 주장이나 하는 듯이 동문서답의 태도를 되풀이하고 있다.

공화당이 박 대통령에 한해 3선을 가능하도록 개헌안을 마련하고 있는 것으로 보도되고 있는데, 지난번 선거 때 "3선 안 하겠다"고 했던 것으로 보아 이 말을 믿을 국민이 어디 있겠는가.

개헌에 관한 아무 권한도 책임도 없다고 말하면서 공화당에 대해 빨리 개헌안을 발의할 것을 바라는 지시는 무엇인가?

3선개헌 실패의 경우, 자진 사퇴하겠다는 선언은 만약 뜻대로 안 되면 정부를 공백화하겠다는 위협이지만, 국민은 헌법 규정에 따라 정부가 결코 공백화되지 않는다는 것을 잘 알고 있다.

3선개헌 저지는 신민당이나 일부 인사의 이해에 관계되는 것이 아니기 때문에 우리는 당을 바쳐서 1인 집권의 영구화, 체제의 완성을 지지하기 위해 끝까지 싸울 것을 선언한다.[4]

장소 옮겨 개헌안 변칙처리

3선개헌 반대는 유진오가 이끄는 신민당뿐만 아니라 학생·재야·종교계·문인 등 각계에서 치열하게 전개되었다. 개헌반대법 국민투쟁위원회(위원장 김재준 목사)가 구성되어 전국적인 유세를 벌이기도 했다. 그럼에도 박정희 정부는 30일 간의 공고기간이 끝난 개헌안을 9월 13일 국회 본회의에 회부했다. 신민당 의원들은 표결저지를 위한 단상점거에 들어갔다. 이날 자정이 되자 이효상 국회의장은 "13일 본회의는 자동적으로 유회됐으므로 월요일인 15일에 본회의를 열 수밖에 없다"고 선포하고 본회의장에서 빠져나갔다.

신민당 의원들이 안심하고 의사당 안에 잠자리를 펴고 있을 때 길 건너편 국회 제3별관에서는 이변이 벌어졌다. 9월 14일 새벽 2시 30분, 공화당 의원들만 참석한 가운데 이효상 의장의 사회로 단 6분 만에 개헌안을 변칙처리했다. 국회 주변 반경 500m는 1천 2백여 명의 기동경찰이 엄중하게 통행을 차단하고 있는 가운데 개헌지지 의원들만으로 개헌안을 변칙 처리한 것이다. 그야말로 신종 쿠데타적인 수법이며 역대 개헌사에서 가장 비도덕적인 개헌안의 처리였다. 5·25정치파동, 사사오입 개헌파동에 이은 세 번째의 변칙적인 개헌이었다.

공화당이 본회의장을 옮겨가면서까지 변칙적으로 개헌안을 날치기로 처리한 것은 형식상은 야당의 단상점거 때문이라고 내세웠지만, 비밀 투표를 할 경우 내부의 이탈이 두려웠기 때문이었다.

국회 본회의장에서 농성 중에 있던 신민당 의원들은 뒤늦게 변칙처리의 사실을 알고 현장으로 뛰어가서 가구와 집기 등을 마구 때려 부쉈지만 기차는 이미 떠난 뒤였다. 개헌안을 변칙처리한 이효상 의장이 도의적 책임을 지고 의장직 사퇴서를 제출하는 등, 여권은 유화적인 제스처를 보냈으나 야당의 분노를 달래기는 사안이 너무 무거웠다.

개헌안의 국민투표를 앞두고 공화당의 지지유세와 신민당의 반대유세가 전국적으로 확산되고 다시 국민적인 쟁점으로 부각되었다. 공화당은 "안정이냐 혼란이냐, 양자택일을 하자"고 내세우고, 신민당은 "개헌안 부결로써 공화당 정권 몰아내자"면서 국민의 지지를 호소했다.

유진오는 박 정권의 개헌안 국회날치기 처리를 지켜보면서 다시금 헌법학자로서 분노를 가누기 어려웠다. 그리고 민주주의의 장래를 우려하지 않을 수 없었다. 이제 국민투표 과정에서 개헌안을 부결시키는 길밖에 없었다. 유진오는 다음 날부터 전국 유세에 나섰다. "얼빠진 독재망상 응징 위해 개헌 분쇄에 총궐기 하자"고 기자회견과 대중강연을 통해 개헌반대를 역설했다. 그리고 마침내 "박정희 정권을 타도하자"고 국민의 궐기를 호소하기에 이르렀다. 온건한 지식인 정치인으로서는 최후의 마지노선에 이른 것이다.

공화당의 국회 날치기와 유 총재의 격렬한 기자회견 내용을 실은 『민주전선』 특별호는 제작과정에서 연판을 괴한들에게 탈취 당해 두 쪽짜리 초라한 모습으로 배포되었다. 권력연장에 눈이 먼 박정희 정권은 민주주의도, 실정법도 안중에 없었다. 국민투표 과정에서도 숱한 폭력과 부정, 관권개입이 나타났다.

10월 17일 개헌안의 국민투표가 실시되었다. 투표율 77.1%, 최종집계 결과 총 투표자 1,160만 4,038명 중 찬성 755만 3,655표, 반대 363만 6,369표, 무효 41만 4,014표로써 개헌은 확정되었다.

개헌안 국민투표 과정에서 정부·여당에 의한 각종 부정과 관권동원이 자행되고 투·개표과정에서도 무더기표 등이 발견되는 등 부정이 나타났다. 행정력을 동원한 부정투표가 공공연히 자행되었다.

개헌반대 투쟁 와중에 쓰러져

개헌반대 투쟁을 일선에서 지휘해오던 유진오 총재는 9월 10일 뇌동맥경련증으로 쓰러졌다. 병중에서도 국민투표를 이틀 앞둔 10월 15일 특별성명을 통해 "부정과 불법을 막아 개헌을 저지하기 위해 민권투쟁에 참여해 줄 것"을 국민에게 호소했다. 그러나 개헌안이 압도적으로 통과되자 10월 19일 국민투표 결과에 대한 책임과 신병을 이유로 신민당 총재직에서 물러날 뜻을 밝히고 신병치료차 일본으로 떠났다.

이로써 박 정권은 종신집권을 가로막는 또 하나의 장애물을

제거하고, 이후의 역사가 보여준 바대로 더욱 철저한 헌정유린
으로 나아가게 된다. 3선개헌은 유신으로 가는 전주곡이었다.

유진오는 1966년 10월 정계에 입문하여 민중당 대통령 후보
에 지명되었으나 야당후보 단일화를 위해 윤보선에 양보하고,
그가 대선에서 패배한 후 통합야당 신민당의 총재로 선출되어
박정희 3선개헌 저지투쟁 과정에서 득병하여 일선에서 물러났
다. 3년여 동안의 짧은 정치활동이었지만, 보수적인 직업정치인
들과는 크게 다른 모습을 보여 주었다.

그는 투명한 야당지도자의 길을 걸었고 원칙과 합리의 기준
에서 야당을 이끌었다. 그러나 상대는 정보장교 출신으로 쿠데
타의 주역이었다. 권력욕이 충만하고 술수와 술책에서 비교가
안 되었다. 한국 정계에서 모처럼 신선한 지성미를 보였던 유진
오는 꿈을 이루지 못한 채 중절의 고배를 들어야 했다. 보수야
당의 실세이던 부총재 유진산의 증언이다.

우리는 국민투표 반대투쟁을 전개하여 나갔다. 이러한 과정
에서 당수 유진오 박사가 겹친 과로로 건강을 상하게 되어 병
석에 눕게 되었다.

나는 유 당수 댁을 찾았다. 유 박사가 심상치 않은 건강상태
임을 알게 되었을 때 참된 민주주의를 위하여 같이 나아가고
있으며 또한 평범한 인생으로서도 비슷한 노경을 걸어가고 있
다는 입장에서 내가 받은 충격은 이루 말로 표현할 수가 없다.

유 당수는 내가 시골에서 경성제일고보에 입학하여 2학년이

되었을 때 1학년에 입학하였는데 한 학기를 지나고 나니 벌써 유진오 학생은 교내에서 수재라는 얘기가 파다하게 퍼졌었다. 그 뒤의 유진오 박사는 한국의 학자로서 유능하고 화려한 경력을 가졌으며 다재다능한 인물로 인정하고 있는 터에 민중당 당수로 추대되었다.

5·3대통령선거에서는 스스로 대통령 후보를 윤보선 씨에게 양보하면서까지 신민당 당수직을 맡아 험난한 야당가의 지도자로서 혼신의 노력을 기울이던 중 과로 겹쳐 신병으로 눕게 되었다.[5]

유진오는 정계를 떠나고 건강이 어느 정도 회복된 후 한 인터뷰에서 "그때에는 죽어도 좋다는 각오 아래 반대투쟁을 해왔어. 그러나 국회에서 통과되고 말더군. 그때를 회상해 보아도 나는 부끄러움이나 여한이 없어. 생명을 걸고 투쟁했고 하마터면 죽을 뻔했으니까."[6]라고 했다.

12장

정계 은퇴 이후
유신시대

유신쿠데타 앞서 헌정위기 경고 발언

신민당 총재 자리에서 물러난 유진오는 일본에서 신병치료를 받고 귀국하여 조용히 지냈다. 신민당은 그의 치료를 기다리지 않고 전당대회를 열어 유진산을 새 총재로 뽑았다. 유진산이 일본으로 건너가 유진오와 만나면서 여러 가지 잡음이 있었지만 유진오는 더 이상 당직에 연연하지 않았다.

이후 정계는 박정희의 야심대로 진행되었다. 개헌으로 장기집권의 길을 트고는 1971년 제7대 대선에서 신민당 김대중 후보를 꺾고 3선되었다. 이때도 정상적인 선거가 못 되고 부정으로 일관하였다. 국가총예산의 1/6을 집권당의 선거에 동원하는 불법금권선거였다. 박정희는 3선에 만족하지 않고 1972년 10월 17일 친위쿠데타를 일으켜 이른바 유신체제를 만들었다. 그 이전 그러니까 1972년 7월 4일 '7·4남북공동선언'을 통해 평화공존의 성명을 발표하는 등 금방 통일을 이룰 것 같은 분위기를 조성했다. 이것도 유신으로 가기 위한 정치적 '연출'이었다. 북한도 같은 날 주석제 개헌을 하였다.

유진오는 이후 격변하는 정치정세나 사회문제에 관해 침묵을 지켰다. 누구보다 할 말이 많고 듣고자 하는 사람도 많았으나 그는 말을 삼갔다. 건강의 탓도 있었을 것이다. 그러던 중 한국 천주교에서 발행하는 월간 『창조』와 긴 인터뷰를 하였다. 1972년 7월호, 7월 1일이 발행일이어서 아직 7·4공동성명이 나오기 전이다. 잡지사 측에서는 제헌절 24주년을 계기로 이제는 야인이 된 제헌헌법의 산모로부터 소회를 듣고 싶었던 것 같다.

「민족을 위한 나의 염원」이라는 제목으로 실린 유진오 인터뷰의 마지막 대목은 다음과 같다.

> 헌법의 주체는 모든 국민이에요. 그런데 누구의 헌법이냐고 되물어야 할 만큼 우리 현실은 혼미하고 있는 거죠. 우리는 이런 때일수록 정치적 관심과 촉각을 세워 민주시민으로서의 의무를 자각해야 합니다. 정치적 무관심이란 결국 자유의 포기에요. 그건 노예도덕이고, 여기에 오늘을 살아가는 지성의 역할과 사명이 지대한 것이죠.
>
> 이 시점의 문제성을 깊이 인식하고 거기에 민첩한 대응을 해야 할 때가 바로 오늘이고, 교과서로 돌아가 원칙론에서 이 현실을 분석하고 비판해야 할 때라고 나는 그렇게 생각합니다.[1]

유진오는 곧 닥쳐올 헌정의 위기에 대한 어떤 낌새를 느끼고 있었던 것 같다. 1971년 초부터 방학인데도 각 대학에서 교련 반대 시위가 확산되고, 제8대 총선에서는 신민당이 89석을 얻어 선전했으며, 7월의 사법파동, 8월의 경기도 광주대단지 사건, 10월의 공화당 항명파동에 이어 10월 5일에는 무장한 수경사 장병 30여 명이 고려대에 난입하여 교련반대 농성 중이던 학생들을 구타하고, 5명을 불법연행했다.

　박정희는 12월 6일 국가비상사태를 선언하고, 12월 27일 국회는 대통령에게 비상대권을 부여하는 국가보위법을 공화당의 날치기로 처리하였다. 이런 긴박한 상황에서 유진오는 헌정의 위기를 느끼고 『창조』와의 대담을 통해 심중에 묻혔던 위기감의 일단을 밝혔던 것 같다. 이 시기는 또 헌법학 연구의 '동반'이기도 하는 한태연·갈봉근과 젊은 검사 김기춘 등이 청와대 인근 중앙정보부 별실에서 이른바 '항가리헌법'(유신헌법)을 기초하고 있다는 정보를 들었을지도 모른다. '헌정위기'에 관한 유진오의 우려 한 대목을 더 들어본다.

　　우리 헌법의 기본적 취약성이라고 한다면 민주주의가 민중의식으로 자라서 민중의 법의식이 되고, 그것이 결국 민주헌법으로 나타나야 하는 건데, 그렇지가 못한 데에 있다고 볼 수 있지요. 그러니까 민중의 법의식이 확고치 못하니까 여기에 취약성이 있게 된 거지요. 그래서 후진국일수록 민주제를 발전시키는 데는 지도자의 역량이 무엇보다도 필요하게 되는 거지요.

　　선진국에서는 국민이 모두 민주의식에 투철하기 때문에 그럴 필요가 없지만 후진국선 그렇지가 못하기 때문에 훌륭한 지도자가 나와서 위에서부터 국민에게 민주주의 이념을 가르

치고 그 의식을 심어주어야 하는 거예요. 이 일이 후진국 지도
자에게는 가장 중요한 일이고, 그렇게 해서 키워진 민주의식이
바로 근대화의 밑바탕이 되는 거예요.[2]

역사반동기를 지켜보면서 침묵

유진오가 우려했던 일이 현실로 다가왔다. '후진국 지도자'는
국민에게 민주주의를 가르치는 것이 아니라 외려 상처투성이
가 된 민주주의를 더욱 짓밟았다. 1972년 10월 17일, 박정희
는 다시 한 번 군대를 동원하여 헌법기능을 마비시키고 야당
의 정치활동을 전면 봉쇄하는 등 사실상의 친위쿠데타를 감행
했다.

5·16쿠데타를 일으킨 지 11년, 3선연임 금지의 헌법을 고친
지 3년, 제8대 대통령에 취임한 지 1년 반 만에 또 다시 헌정을
짓밟고 1인 독재체제를 더욱 강화시켰다.

전국에 비상계엄을 선포한 박정희는 노재현 육군참모총장을
계엄사령관으로 임명하고, 포고령 제1호로서 ① 각 대학의 휴
교조치 ② 정치집회 금지 ③ 언론·출판·보도·방송의 사전검열
등의 조치를 취했다.

계엄당국은 신민당 의원 김상현·이세규·최형우·강근호·이종
남·조윤형·김한수·조연하 등을 구속하고, 이들에게 가혹한 고
문을 자행하는 등 공포분위기 속에서 체제변혁에 나섰다.

1972년 10월 27일 비상국무회의에서 헌법개정안이 의결, 공고되고 한 달간의 공고기간 동안 정부는 계몽활동을 벌였고, 11월 21일 국민투표에 회부했다. 일체의 반대운동이 금지된 일방적인 개헌안의 국민투표는 1,441만 714명이 투표하여 91.5%에 이르는 찬성을 얻어 통과되었다고 발표했다.

이렇게 확정된 '유신헌법'은 임기 6년의 대통령을 통일주체국민회의에서 간선으로 선출토록 하고, 국회의원 3분의 1도 여기서 뽑기로 하는 등 '국체의 변혁'에 가까울 정도로 비민주적인 내용을 담고 있었다.

박정희는 평화통일을 실현하기 위한 강력한 통치체제의 구축이라는 명분을 내세워 전제적 1인체제를 구축할 목적으로, 이를 제도적으로 뒷받침할 '유신헌법'을 만든 것이다.

유진오가 젊은 시절 심혈을 기울여 기초했던 국민주권주의와 권력분립주의를 기조로 했던 제헌헌법의 정신은 이제 형해도 찾아보기 어렵게 되었다. 마치 독일에서 바이마르 헌법이 나치헌법으로 변해버린 것과 비슷한 형국이었다.

이승만이 헌정질서를 여러 차례 유린했지만, 그래도 헌법의 기본은 건드리지 않았다. 그런데 박정희는 헌법구조를 송두리째 뒤엎고 제왕적, 군주제와 같은 전제체제를 만들었다. 5·16쿠데타 후에는 그나마 헌법심의위원회라도 구성하여 형식적인 논의 절차를 거쳤는데, 이번에는 철저히 밀실에서 극소수 어용교수와 권력지향성 검사들을 동원하여 만들었다.

유진오는 침묵으로 일관하였다. 나설 수 있는 여건도 아니었고, 건강도 예전 같지 않았다. 차라리 그것이 생애의 오점을 피해가는 '보신'이었을지 모른다.

사실 건강이 어느 정도 회복된 후 유진오의 시야는 현실정치의 구체적 현상에 머무르지 않고, 통일의 전망이라든가 민주주의의 장래 등을 보다 근원적인 관점에서 바라보고 사색하는 일에 기울어졌다. 세계적으로 전개되는 데탕트, 여기에 더하여 아시아와 아프리카의 여러 나라에서의 민주체제의 좌절과 공산주의의 확산이라는 사태에 직면하여, 누구보다도 반공정신에 투철했던 그 자신이 느꼈던 사상적 혼란을 정리해야 할 필요를 느꼈던 것 같다. 그는 이러한 혼란을 인간학적 관점에서 민주주의가 공산주의보다 우월하다는 점을 재확신함으로써 극복하려 했다.[3]

이 시기 유진오의 심중을 어느 정도 헤아릴 수 있는 글이 한 편 있다. 한때 치열하게 정치현장에 몸을 담갔던 처지에서 보면 다소 관념적이긴 하지만, 역사 반동기에 헌법학자가 품었던 편린이다.

민주주의는 이성적 존재로서의 인간에 그 기초를 두는 사상·제도이기 때문에 이성과 함께 육체를 아울러 가진 인간으로서는 처음부터 이를 능숙하게 다루기 어려운 것이었지만, 이성의 덕택으로 동물세계를 떠나서 여태까지 살아온 인간이 여기

서 원점으로 되돌아간다는 것은 있을 수 없는 일이다.[4]

'민주회복국민회의'에 참여했다가 발 빼

한국의 민중은 정치인이나 지식인(언론인)들보다 오히려 민주주의에 대한 신념이 더 강한 측면이 있다. 동학혁명·만민공동회·3·1혁명·4·19혁명·한일굴욕회담 반대투쟁·3선개헌 반대운동 등을 거치면서 역사의 전면에서 민족·민주운동의 주체로서 성장하였다.

미증유의 역사적 반동기를 불러온 박정희의 유신체제는 오래지 않아 국민적 저항에 부닥쳤다. 학생·노동자·농민·종교인·언론인들이 앞장서고 교수·문인들도 뒤따랐다. 그 결과로 1974년 11월 27일 서울 YMCA에서 범민주진영의 연대투쟁기구로서 민주회복국민회의가 발족되었다.

민주회복국민회의는 비정치 단체이며 정치활동이 아닌 국민운동으로서 자주·평화·양심을 행동강령으로, '민주회복'을 목표로 설정했다. 전 야당인사·종교계·재야·학계·문인·언론인·법조계·여성계 등 각계 대표 71명이 서명한 가운데 민주회복선언대회가 열렸다. 그리고 채택한 「국민선언」을 발표했다.

한국의 대표적인 각계 저명인사 71명 중에는 유진오도 포함되었다. 그가 민주회복운동 진영에 참여한 것은 이때가 처음이고 마지막이었다. 그리고 다시 침묵으로 돌아갔다.

유진오는 1974년 11월에 유신시절 민주화운동에 획기적 분기점을 이루는 것으로 평가되는 민주회복국민선언대회에 참석하여 그 국민회의의 자문위원으로 이름이 오른 적이 있었다. 그러나 그 이상 적극적인 활동은 전개하지 않았고, 유신시절을 통틀어 이때 외에는 유신헌법에 대한 논평조차도 삼갔다. 물론 현실에 대한 불만을 침묵으로 드러내는 모습이 그에게 있어 새삼스러운 일은 아니다.[5]

유진오는 체질적으로 학구적이지 실천적인 지식인은 아니다. 야당 정치인 3년여를 제외하면 그는 항상 연구실 아니면 강단에서 그리고 가끔은 제도권의 조직에서 활동을 했을 뿐, 앞장서서 단체를 만들거나 이끈 일은 거의 없었다.

이승만이 부정부패와 폭력으로 헌정을 망가뜨렸을 때에도, 헌법 자체를 그렇게 변종으로 만들지는 않았다. 유신헌법은 완전히 새로운 헌법이었다. 유진오 헌법학에는 들어 있지 않은 헌법이었다. 그러나 유진오는 이후 유신체제에 대하여 발언을 하지 않는다.[6]

유진오의 처신과는 상관없이 국민의 반유신 투쟁은 가열차게 전개되었다. 투옥되거나 분신·투신·실종·고문사·의문사 등 희생자가 속출했다. 대부분 재야·노동자·농민·학생·시민들이다. 박정희는 이에 대해 계엄령에 못지않은 긴급조치를 잇따라 선포하면서 민주화에 역행하였다. 대한민국은 유신체제 7년여 동안 헌정질서가 아닌 전체주의 체제로 운영되었다. 유진오가 가장 우려하였던 변형된 대통령제의 말기현상이었다.

저서 '구름 위의 만상' 펴내

유진오는 그동안 많이 노쇠해졌다. 3선개헌 반대투쟁 과정에서 쓰러진 이후 치료와 요양에도 노년의 건강은 회복이 쉽지 않았다. 1975년 11월 그동안 써 모았던 글을 묶어 수필집『구름 위의 만상』을 일조각에서 펴냈다. 477쪽에 이르는 두툼한 분량이다.

책의 구성은 다음과 같다.

1. 구름 위의 만상
2. 산중 독어獨語
3. 젊은 날의 자화상
4. 순수에의 지향
5. 민족문화의 반성

유진오는 수필집이라고 하였으나 내용 중에는 자전적인 글과 회고담, 시론, 한일회담 관련 논설 등 다양하게 채워졌다. 제목으로 뽑힌 「구름 위의 만상漫想」은 세계 여러 나라를 둘러보고 쓴 일종의 여행기다.

유진오는 책의 서문을 쓰지 않고 「후기」에서 "나로서는 지금까지 비교적 딱딱한 책들(법학서·평론집·문학창작집 등)만 세상에 내놓았기 때문에, 여태껏 책장 속에 쳐 넣어 둘 수밖에 없었던 젊었을 때에 쓴, 문학적인 수상·평론류가 이번 기회에 햇빛을 보게 된 것이 기쁨이다."[7]라고 출간 소회를 밝혔다.

이 책에는 유진오와 교우했거나 그가 지켜보았던 손병희·김성수·김병로·구자균·김법린·이민희·정인보·서상일·이갑·이종오·조병옥 등에 대한 추념사를 실었다. 4·19혁명 당시 희생당한 고려대학생들에 대한 추념사도 들어 있다.

1962년 5월 26일 손병희 선생 40주기에 「암야의 태양 의암 손병희 선생」이란 제목의 추념사 마지막 부분을 소개한다.

선생이 가신 지 40년, 그동안 이 나라의 역사는 실로 다난하였습니다. 그러나 지금 우리 민족은 위기를 넘어 새나라 건설의 길에 들어섰으며, 그를 뒷받침하는 경제발전의 의욕에 불타고 있습니다. (…) 의암 정신을 받드는 것은 바로 그 토양을 뿌리에 주고, 토양의 성분을 한층 풍부하게 해주는 길입니다.

그리하여 의암 정신은 우리나라 근세의 2대 민족운동인 동학운동과 3·1운동의 지도이념이었을 뿐 아니라, 오늘의 민족중흥을 위한 일대 약진운동의 뒷받침이 또한 될 것입니다.[8]

유진오는 또 이 책에서 위당 정인보에 관한 글도 실었다.

1933년 여름 한 신문사의 주최로 함께 지방순회강연을 갔을 때의 회고담이다.

　　역시 90분간의 약속으로 등단한 위당은 열변 또 열변, 100도가 넘는 폭염 가운데서 3시간여에 걸친 대강연을 해치운 것이다. 그 숨 막히는 더위 속에 땀이 비 오듯하는데도, 그 오랫동안 단 한 사람 자리를 일어서는 사람이 없었다. 내가 우리나라 유학에 대해 인식을 근본적으로 고친 것도 그때의 일이다.

　　유도를 숭고하는 가정에서 태어나, 전통적·비합리적 습속에 진절머리를 내어, 한문책이라면 손도 대려하지 않던 나에게, 위당의 강연은 그야말로 복음의 소리였다. 유가 중에도 그렇게 애국적·과학적·합리적 사상을 가진 분이 있었던 것을 나는 그때 처음으로 알았다. 영·정조기의 실사구시학파에 내가 흥미를 가지게 된 것은 그때부터였다.[9]

월간지 통해 '순리론' 강조

유진오는 유신체제 시기 민주회복국민회의 자문위원으로 잠시 참여한 것 말고는 대정치, 대사회 활동을 거의 하지 않았다. 그리고 유유자적, 안일한 나날을 보내었다.

그가 민주회복국민선언대회에 참석한 것도, 직후의 인터뷰에 의하면 적어도 그 자신에게 있어서는 유신정권에 대한 반대나 저항이 아니었다. 아마도 국가를 걱정하는 시민의 건설적 건의나 의견표명으로 받아들여지기를 바랐던 것 같다. 사실 이때조차도 여전히 유신체제에 반대하는 학생들의 시위를 그는 못마땅하게 생각하였다.

비슷한 사고가 경제문제에 대해서도 나타난다. 그는 우선 유신정권이 경제건설을 위한 강력한 추진에 원칙적인 찬성을 표하면서, 그 정책 추진과정에서 일어난 빈부격차의 확대 등 여러 가지의 난문제에 대하여 "양심·현명·과감으로써 대처"하기를 촉구하고 있다.

그러나 건국헌법 기초 당시 사회적 기본권의 삽입을 자랑스러워했던 그가 노동운동을 통한 해결을 언급한 적은 한 번도 없었던 것이다.[10]

유진오는 1976년 11월 8일 강원룡 목사가 발행하는 진보적 월간지 『대화』에서 일석 이희승과 「인간 교육이냐 물질교육이냐」라는 주제로 대담을 나누었다. 이 대담은 12월호의 권두대담으로 게재되었다. "오늘의 교육현실을 걱정한다"는 연재의 대담에서 유진오는 물질만능주의 교육실태를 비판하고 한글전용론자인 이희승과 논전을 벌였다. 유진오의 발언이다.

　　나는 한글전용과 한자폐지를 근본적으로 반대합니다. 우리
　말 속에서 오래 사용되던 끝에 우리말로 익은 한자어를 안 쓸
　필요는 없다고 봅니다.
　　한글전용을 주장하는 이들은 그 말을 쓰지 말자는 것이 아

니라면서, 다만 그것을 한글로 표기하자고 내세우기는 합니다만 그것도 그렇지요. 물론 한글로 많이 써야겠지만 한자로 쓰지 않고 한자어를 음만 따서 한글로 쓰면 뜻이 모호하게 되는 말이 상당히 있지 않습니까.

물론 한자어는 쉬운 것이 아니니까, 가령 2만 자나 3만 자를 쓴다면 무리겠지만 2, 3천 자 정도는 써도 무방할 것입니다. 아무쪼록 우리말을 곱게 다듬어 쓰는 일을 소홀히 해서는 안 되겠지만 그렇다고 외래어나 한자어를 협량하게 신경질적으로 배척하는 일은 없어야 하겠습니다.[11]

이에 대해 한글학자이기도 한 이희승의 반론이다.

국어어휘는 크게 보아 우리 고유어와 외래어로 나눌 수 있습니다. 고유어는 태고적부터 우리 조상들이 만들어 사용해 오던 것으로 아버지 어머니 하늘 땅 물 불 같은 말들이 이에 해당하고 외래어 또는 차용어는 어느 문명국에도 있는 것입니다. 여기서 분명히 해 두고 싶은 것은 외국어와 외래어를 혼동하지 말자는 것입니다.

국어순화 문제로 논란을 펴는 이들 가운데는 외래어와 외국어를 구별하지 않는 듯한 인상을 주는 사람도 있습니다. 외국어는 발음과 의미가 외국의 것인데 비해 외래어는 일단 외국어가 우리나라에 들어와 발음과 의미가 국어에 맞게 변화를 일으킨 것입니다. 한글전용을 주장하는 한글학회에서 펴낸 우리말

큰 사전에 기록된 통계를 보면 그 사전에 수록된 전체 어휘 중의 52%가 한자어라고 밝혀져 있습니다만, 어원을 정밀히 조사해 보면 한자어 비율은 그 이상일 수도 있습니다.[12]

유진오는 1972년 2월호 『월간중앙』에서 전 전국경제인연합회장 김용완과 신춘방담을 가졌다. 「삶은 지혜로와야」라는 주제의 방담에서 "지혜롭게 산다는 건 순리대로 사는 걸 뜻합니다. 역리로 남을 짓밟고 돈을 번다든지 권력을 얻는 일은 없어야 합니다. 그리고 남을 희생물로 해서 얻는 명예는 관 뚜껑이 덮히자마자 일시에 사라져버릴 덧없는 명예입니다."[13]라고 강조하였다. '순리順理'는 그의 삶의 지혜이고 지침이었다.

유진오의 발언은 이어진다. "부에 대한 욕심, 권력에 대한 욕심, 명예에 대한 욕심, 이 욕심들을 어떻게 누르고 피해가느냐가 지혜로운 삶을 위한 관건인 것 같아요." "순리대로 살라는 말은 소극적으로 살란 말이 아닙니다. 이理란 저절로 주어지는 것이 아니므로 적극적으로 나서서 찾아야 합니다."[14]라고 했다.

유진오가 이 대담에서 역설했던 말은 다음 대목이다.

우리 동양의 유교사회에는 "이理는 천심이요 천심은 곧 민심이다" 하는 말이 있습니다. 하지만 어떤 게 천심이고 어떤 게 민심이냐 하는 건 대단히 명확한 듯하면서도 실은 명확하지를 못한 것이거든요. 그런 자명하지 못한 곳에서도 어찌됐든 지도자가 어떻게 시정해야 한다 하는 공약수적인 방향이 나오게 되는 것입니다.

한마디로 순리대로 살아라 하는 얘기는 소극적으로 앉아서 남이 가져와 주는 떡이나 받아먹고 있거라 하는 얘기가 아니라 어떤 것이 순리인가를 자기자신이 찾아 나서서 그것을 찾도록 노력하여야 하는 것일 것입니다.[15]

13장

은둔기와
사망

최규하 과도정부 기간에 내각제 발언

아무리 과학만능의 시대라 할지라도 "순천자順天者는 흥하고 역천자逆天者는 망한다"는 세상의 천리는 변함이 없다. 유진오는 비록 박정희 유신체제의 역리逆理에 저항하지는 않았지만 '역리필망逆理必亡'이라는 하늘의 이치는 알고 있었다.

1979년 10월 26일 독재자 박정희는 김재규 중앙정보부장의 총탄에 쓰러졌다. 그와 함께 유신체제도 무너졌다. "유신만이 살 길이다"라며 입에 거품을 물었던 정치인·언론인·교수들도 쥐구멍을 찾느라 꼬리를 감추었다. 그러나 국민적 동의 없이 날조된 유신체제라는 권력은 정통성과는 상관없이 합법성 때문에 국무총리 최규하에게 바통이 넘겨졌다. 최규하 과도내각이 수립되고 박정희 없는 과도정부 시대가 열렸다.

유진오는 최규하 대통령으로부터 국토통일원 고문과 국정자문위원으로 위촉되었다. 박정희 유신체제에는 한 발도 들여놓지 않았지만, 이제 새 시대가 열릴 것으로 보고 과도정부의 국정에 참여한다. 실제 정부기관의 '고문'이나 '자문위원'은 의결

권이 없는 허상의 직위에 불과하다. 정부가 구색을 갖추기 위해 전문가나 명망가를 들러리로 위촉하는 자리이다.

유진오는 또 대통령 직속으로 헌법개정심의위원회가 구성되자 특별 고문에 위촉되었다. 유신체제의 일각이었던 최규하는 국회에서 헌법개정특별위원회가 구성되고 있었음에도 자신의 정치적 야심 또는 전두환을 우두머리로 하는 신군부의 압력이 있든지 굳이 정부안에 헌법개정심의위원회를 설치하였다.

유진오는 1980년 초, 이른바 '서울의 봄' 시기에 다시 언론의 조명을 받았다. 개헌시기와 맞물리면서 모처럼 자신의 소신을 피력할 수 있었다. 『신동아』 1980년 1월호의 전문가 정담에서는 줄곧 그가 주장해 온 이원집정부적 정부형태 즉 대통령에게 중요한 권력을 주면서 실제 정치는 내각에서 하도록 하는 정부형태를 강력히 제안했다.

당시 세간에서는 최규하 대통령이 신군부와 짜고 이른바 '이원집정부제'를 추진한다는 설이 나돌고 있어서 유진오의 주장은 오해받기에 충분했다. 유진오는 이 정담에서 개헌논의를 국회가 독점하는 것을 크게 비판하면서 국민적 합의 도출을 위해서는 국회와 정부가 각기 개헌논의를 해야 한다고 주장했다. 하지만 이것도 국민의 일반적인 생각과는 거리가 있었다.

최규하 과도정부는 '박정희 유신권력의 사생아' 정도로 불신을 받고 있던 터여서 아무리 바른 제안을 해도 국민은 정부의 '청부발언' 정도로 인식할 뿐이었다. 그럼에도 유진오는 여러 지면과 방송의 인터뷰를 통해 정부형태를 비롯 국민의 기본권

문제 등을 폭넓게 개진하였다.

유진오는 1980년 4월 한 월간지에서 헌법학자 권영성과 「민주의 길」이라는 특집 대담을 통해 그동안 묻히고 쌓였던 말을 쏟아냈다. 개헌에 관한 소신도 개진하였다. 유진오는 이날 대담에서 헌법재판소 설치를 제안하였다. 주요 내용을 뽑았다.

권력구조 문제, 그중 선거제도에 대해서도 할 말이 많겠으나 대체로 선거제도도 소선거제도로 복귀하자는 경향이 강한데, 또 정당제도는 1당제도로 해서는 이미 민주주의를 부인하게 되니까. 필수적으로 복수정당제여야죠.

사법제도에 관해서는 헌법재판소 문제를 좀 얘기하고 싶은 데요, 우리 법조계, 특히 법관들은 가령 법률안·명령·위헌심사 등의 관할사항을 법원에서 판결해야겠다는 말을 많이 하고 있는 듯한데, 저는 좀 견해를 달리합니다. 법원도 참가하는 헌법재판소 제도, 대륙식 제도가 좋다고 생각합니다.

또 민주주의를 해 나가려면 소위 관료의 정치적 중립성이 확보되는 제도, 다시 말하면 영구문관 제도가 확립되어야 합니다. 가령 영국이나 일본이 민주주의에 성공한 원인이 영구문관제도, 관료의 정치적 중립을 확보한 데 있지 않았는가 생각됩니다.

그리고 지방 자치에 대해서도 강조하고 싶은 것은 국민의 민주훈련을 위해 지방자치를 꼭 해야 주권이 국민에게 있다는 데 대해 국민 스스로 실감하게 되지요. 4년에 한 번 국회의원이나 선출하고 대통령선거에 투표나 하고… 루소는 『사회계약론』에서 극단의 말을 하고 있지 않습니까? 자유다, 자유다 하지만 투표하는 날에만 자유다, 투표하는 순간만 지나면 법은 무효가 된다. 이런 말까지 하였는데, 저는 그렇게까지는 생각하지 않아도 지방자치를 해야 우리가 주인이라는 실감이 가지요.

그동안 법이 제대로 지켜졌으면 극한투쟁도 안 일어났을 것입니다. 사실 우리나라에서는 극한투쟁을 하는 것이 민주주의라고 알려져 있는데 현실적으로는 그것밖에 길이 없어요.

결국 우리나라 민주주의의 후진성을 말해주는 것인데, 이와 관련해서 가령 국민의 입장에서 이데올로기로서의 민주주의의 배경이 된 개인주의 자아의 자각을 유럽 선진국에서도 모두 일종의 픽션으로 보게 되거든요.

이번 개헌논의 과정에서 저항권이 제기되는 모양인데, 저항권이 가장 명확히 표현된 것은 미국 독립선언서이지요. 미국 독립선언서에서는 국민의 기본권을 죽 열거하고서는, 우리는 이러한 것을 믿기 때문에 우리가 정부를 세울 수 있고 잘못한 정부는 없앨 수도 있는 권리를 가졌다고 명백한 용어로 돼 있거든요.

그러나 저항권이라는 것은 극단투쟁 중에서도 가장 극단적인 것이거든요. 그렇지 않아도 우리 정치가 극단경향으로 흐르는데, 여기에다 일종의 자연권인 저항권을 헌법에 삽입하는 경우 그 정치적 영향이 어떨까? 저항권 발동에 이르기 전에 사태를 해결하는 것이 민주주의요 법치주의거든. 그게 안 돼가지고 저항부터 발동되고 보면 우리 앞날이 어둡지 않느냐.[1]

유진오는 30여 년 전 국민주권주의를 기본으로 하는 헌법 초안을 기초했던 정신이 이승만·박정희 독재정권을 거치면서 많이 묽어져 있는 모습을 보였다.

전두환 정권의 '국정자문위원'으로

'서울의 봄'은 계절의 여왕이라 불리는 5월이 채 가기도 전에 일진광풍으로 짓밟히고 말았다. 박정희가 키워온 군내 하나회 출신 전두환이 중심이 된 신군부가 다시 쿠데타를 일으켰다.

광주학살을 자행하면서 정권을 탈취한 전두환은 1980년 12월 국정자문회의법을 제정하여 국정자문회의를 헌법기관으로 설치하였다. 내세우기는 대통령이 국가적 차원에서 국정에 관한 중요사항에 관하여 자문을 받을 수 있도록 하고, 정치적 경험이 풍부하고 국가발전에 관한 경륜을 가진 국가원로들로 하여금 국정에 참여할 기회를 부여함으로써 정치의 과열을 방지하고, 국민의 화합과 단합을 촉진하려는 것이라고 설치목적을 밝혔다.

국정자문위원은 대통령·국회의장·대법원장·국무총리 또는 내각수반의 직에 있던 자와 기타 정치·경제·사회 등 각계의 원로에 해당하는 자 중에서 30인 이내로 대통령이 위촉하도록 하였다. 대통령과 삼부 수장이 참여함으로써 사실상 국회보다 상위의 기관으로 설치한 것이다. 어디까지나 전두환의 탈권을 포장하기 위한 정치조형물이었다.

유진오는 5공정권의 국정자문위원으로 위촉되었다. 유신 말기 그토록 '순리'를 강조했던 처지에서는 걸맞지 않는 처신이었다. 5공 전두환의 등장은 '서울의 봄'에 꿈꾸었던 국민의 열망과, 광주에서 민주화를 요구하다 수백 명이 학살당하는 참변으로 보아 '역리'일망정 '순리'가 아니었다. 또한 전두환 세력이 만든 5공헌법은 자신이 기초한 제헌헌법 정신을 다시 한 번 뒤엎는 것이었다. 이런 국면에서 유진오는 국정자문위원을 수락하고 몇 차례 회의에 참석했으며 넉넉한 수당을 챙겼다. 그리고 사후에 이로 인해 고려대 '빈소 시위사건'이 일어나는 등 불미한 사건의 원인이 되었다.

유진오는 전두환 5공시대에 시국에 관한 비판 발언을 거의 하지 않았다. 가끔 언론을 통해 사회적인 발언을 하면서도 전두환을 비판하거나 5공헌법문제 등에는 침묵으로 일관하였다. 1981년 봄 『신동아』가 지령 200호 기념호에서 「신동아 문제논문 28선」 특집을 하면서 유진오의 글 「무엇이 통일을 더디게 하는가」를 실었다. 1972년 9월호 동지同誌에 「7·4남북공동성명의 문제점과 전망」을 부제로 하여 발표했던 논설이다. 이 논설 중 대통령의 '통치권'에 관한 부문을 뽑았다.

　　대한민국은 유엔의 결의로 국제적 승인을 받은 엄연한 민주
공화국인 까닭에 남북통일이 아무리 민족적 성업이라 하여도
어느 누구도 대한민국의 존립사실과 법질서를 무시하고 이를
추진하는 것은 용인될 수 없는 일이기 때문이다. 이런 의미에
서 나는 7·4성명을 내게 한 대통령의 조처를 잘한 일이라 생각
하면서도 그 법적 근거를 설명하는 데 있어서 정부가 대통령의
'통치권'에 의거하는 것이라고 하는 데 대해서는 불복하는 것
이다.

　　나는 우선 이 '통치권'이라는 것이 우리 헌법상 무엇을 의미
하는 말인지 모른다. 우리 헌법에 의하면 대통령은 행정권의
수반인 동시에 외국에 대하여 국가를 대표하는 권한을 가졌을
뿐이다.(제62조) '통치권'이라 하면 대단히 총괄적인 권한 같고,
또 군주주권국가의 군주의 권한 같이 헌법을 초월하는 권한
같은 느낌이 드는데, 우리 대통령은 헌법에 열거된 권한을 가
졌음에 그치고 또 그 권한은 '헌법에 의해서 제정된 주어진 권
한', 바꾸어 말하면 헌법의 하위에 있는 권한일 뿐, 전제군주의
권한같이 헌법을 초월하는 권한, (헌법을 제정하는 권한), 헌법의
상위에 있는 권한일 수 없는 것이다.

　　백 보를 양보하여 대통령의 이른바 '행정권'은 대단히 광범해
서 실질적 의미의 행정권 외에 실질적 의미의 입법권과 사법권
의 일부 및 외교권 등을 포함하는 것이므로 이를 통치권이라는

이름으로 호칭하는 것을 용인한다 하더라도 그것은 역시 헌법의 하위에 있는 것이지 헌법을 초월할 수 없는 것이다.

생각건대 '통치권에 의거' 운운의 정부 측 답변은 일본 명치헌법상의 용어를 잘못 원용하는 것이 아닐까. 구 일본 헌법에는 확실히 천황은 통치권을 총람한다는 구절이 있었다. 그 조문을 근거로 해서 일부 반동학자들은 소위 '천황주권설'을 내세우기도 했지만, 그 명치헌법하에서도 올바른 정신을 가진 사람들은 천황의 통치권은 헌법을 초월하는 것이 아니라 헌법이 정하는 바에 의하여 작용하는, 바꾸어 말하면 헌법의 하위에서는 권한이라 설명하였던 것이다.[2]

81세로 별세, '현민 빈소사건'

유진오는 1981년부터 학술원 원로회원(헌법)으로 위촉되었다. 명실상부 헌법학의 원로대우를 받게 되고, 가끔 학술원에 나가 학자들과 소일하였다. 그러던 중 1983년 12월 갑자기 뇌혈전증으로 쓰러졌다. 72세, 아직 활동이 가능한 연배였다. 1969년 박정희 3선개헌을 앞장서서 반대투쟁을 벌이다 뇌졸중으로 쓰러졌던 것이 재발증세로 나타난 것이다.

유진오는 이후 긴 투병생활로 더 이상 사회활동은 물론 저작도 어려웠다. 그리고 1987년 8월 30일 만 81세의 나이로 조용히 눈을 감았다. 언론은 그의 부음을 대서특필하고 과보다는 공을 내세우는 기사가 많이 실렸다.

9월 3일 서울대학병원에서 고인에 대한 사회장 장례식이 있었다. 고려대학교 측은 그의 빈소를 서울대학 병원에서 고려대 강당으로 옮겨 장례식을 치르고자 했다. 그런데 이른바 '현민 빈소사건'이 벌어졌다. 유진오의 빈소가 고려대학으로 옮겨지면서 일부 학생과 교수들의 거센 저항이 따랐다. 한국에서는 특별한 경우가 아니면 고인이 되면 생전의 과오라도 덮어주는 것이 미덕처럼 인식되었다. 그런데 유진오의 경우는 달랐다. 고려대학 교수를 지낸 이문영의 증언이다.

현민의 부고를 접한 날 아침, 나는 집사람과 부의금 액수를 의논했다. 나는 바로 서울대병원 영안실에 가고자 했으나 그날은 고려대 연구실에 볼일이 있었다. 그래서 고려대 교문을 들어서는데 교문에 현민 빈소라는 푯말이 붙은 것이 보였다. 그 순간 걷잡을 수 없는 분노가 일었다.

나는 곧 연구실로 가서 "고려대학이 (전두환의)국정자문위원의 빈소일 수 없다"라고 쓴 피켓을 만들었다. 이 피켓 만드는 모습을 몇몇 교수들이 지켜봤다. 나는 이것을 교문 앞에 가지고 나와 들고 서 있었다. 그날 밤에 피켓을 내 연구실에 갖다 두려고 건물 계단을 올라가다가 윤용 교수를 만났다.

그 첫 날 이후 나는 아예 집에 안 갈 작정을 했다. 집에 가면 다시는 피켓을 들려고 집을 나서지 못할 것 같아서였다. 그날은 윤용 교수네에서 잤다. 그 다음 날, 윤용·이상신·권창은·이만

우 네 분 교수가 나와 합류해 교문 앞에 섰다. 그러자 교내 동료 교수 249명이 우리를 패륜아로 매도하는 성명서를 내고 교우회 간부들이 총장을 찾아가 우리의 파면을 요구했다.

여름방학 중이던 캠퍼스에 갑자기 학생들의 웅성거림이 들렸다. 학생들이 빈소에 들어가 대통령이 보낸 조화를 부수고, 피켓을 들고 교내에서 시위를 벌였다. 학생들의 피켓은 유진오 총장이 일제 강점 때 친일파였다는 내용이었다. 학생들의 이 데모가 있은 다음에야 빈소가 서울대병원으로 옮겨갔다.[3]

현민은 공도 많았고 과도 적지 않았다. 그의 사후 '현민 빈소 사건'이 있었는가 하면, 다수의 언론에서는 한국현대사의 '큰 별'로 그를 추모했다. 또한 장례식 후 고려대 학생 중에서 "고려대의 영원한 스승, 유진오 박사를 편안히 보냅시다"라는 시위반대 시위도 있었다. 다수의 교수와 동문들이 시위학생과 시위교수들을 질타했다.

현민은 생애의 대부분을 고려대학(보성전문 포함)에서 보내었다. 이 학교를 명문으로 만든 것도 그의 총장 재직 기간이었다. 그는 누구보다 이 대학을 아꼈다. 그런데 동료 교수(일부)와 제자들로부터 빈소 앞에서 거센 항의를 받았다. 새삼 지식인들의 행동거지를 일깨워주는 계기가 된, 이문영 등 동료 교수 5인의 주장이다.

(…) 그러나 어떤 삶을 살아왔든지를 불문에 부치고 고인을

과대미화시킴으로써 그것이 악을 방관·조장하고 현재의 비리마저 정당화시키는 데 악용된다면 우리는 우리의 관행과 통념에 아부·순종하기보다는 이에 도전하여 이를 극복하는 데 앞장서는 것이 진정한 지성인의 태도라고 생각한다.

그러므로 우리는 특히 교육자로서 이미 일제 치하에서는 대동아공영권을 노래했었고, 해방 직전까지도 "우리(일본 제국)는 반드시 승리한다"고 외치는 등 친일행각의 전력도 있거니와 야당 당수로서 반독재 투쟁을 하다가 처참한 광주의 불행과 직결된 정통성을 결여한 정권의 국정자문위원으로 다시금 변신했던 고 유진오 씨의 빈소가 고대에 차려진다는 것은 비교훈적이라고 생각하여 사회적 통념과의 충돌을 무릅쓰고 항의 시위를 하지 않을 수 없었다.[4]

유진오의 단행본 저작물

유진오는 생전에 많은 저서를 남겼다. 여기서는 유진오가 남긴 단행본을 소개한다.

『유진오 단편집』, 학예사, 1939.
『봄』, 한성주서, 1940.
『창』, 정음사, 1948.
『나라는 어떻게 다스리나』, 일조각, 1949.

『헌법해의』, 명세당, 1949.

『헌법의 기초이론』, 일조각, 1950.

『헌법입문』, 조문사, 1952.

『신헌법해의』, 일조각, 1953.

『헌정의 이론과 실제』, 일조각, 1954.

『헌법강의(상)』, 일조각, 1956.

『창랑정기』, 정음사, 1963.

『민주정치에의 길』, 일조각, 1963.

『젊은 세대에 부치는 서』, 고대출판부, 1963.

『구름 위의 만상』, 일조각, 1966.

『마차』, 범우사, 1976.

『젊은 날의 자화상』, 박영문고 제115권, 박영사, 1976.

『양호기: 보전고대 35년의 회고』, 고대출판부, 1977.

『서울의 이방인』, 범우사, 1977.

『젊음이 깃칠 때』, 휘문출판사, 1978.

『미래로 향한 창: 역사의 분수령에 서서』, 일조각, 1978.

『헌법기초회고록』, 일조각, 1980.

『다시 창랑정에서』, 창미사, 1985.[5]

'다시 지식인'을 말한다

현민의 80평생은 반이성과 반지성이 활개를 치던 암흑기였다. 일제강점기에서 전두환 폭압정권에 속하는, 그 시대에 누구라도 멀쩡한 정신으로 살아가기 어려웠다. 지식인의 경우는 더욱 그랬다.

머리 좋고 총명했던 현민은 대체로 암흑기를 역류하지 않고 순탄하게 살았다. 세상의 변화와 흐름에 맞춰 행동한다는 여세추이與世推移의 처세방식이었다. 일제에 저항하지 않았고 이승만과는 맞서지 않았다. 박정희의 3선개헌 장기집권 때는 엎치다시피 제1야당 신민당 총재가 되어 개헌반대투쟁에 앞장섰으나 전두환 정권에는 한쪽 다리를 얹혔다.

그런 대신에 현민은 대단히 수준 높은 제헌헌법 초안을 만들고, 정부수립 초기에 법제처장으로서 정부조직법·국회법·헌법위원회법·탄핵재판법·각부처직제·국군조직법·농지개혁법·귀속재산처리법·지방자치법 등 신생정부의 각종 법제가 그의 손을 거쳐 만들어졌다. 또한 어려운 시기에 야당을 이끌고 고려대학교라는 명문사립대학을 견실하게 육성한 것에는 그의 공이 컸다.

그럼에도 그의 생애에 짙은 그늘이 깔리는 것은 무엇 때문일까. 지식인의 역할과 사명에 충실하지 않았다는 이유일 것이다. 모름지기 지식인의 본질이 어둠을 쫓는 계명성이고 압제에 저항하는 비판자라고 한다면 현민은 이에 소홀하거나 외면하는 경우가 많았다.

한마디로 현민은 시대정신에 충실하지 못한 지식인이었다. 현실에는 예민한 감각의 소유자였으나 역사의식은 크게 무뎠던 것이 아닌가 싶다. 머리 좋은 수재들이 일반적으로 빠지기 쉬운 수렁이다. 일러 '이성의 간지奸智'가 역사적인 통찰력을 가로막는 현상이다.

한국 사회의 오래된 지성풍토에는 이른바 '균형 잡히고 객관적이고 온건한' 지식인들이 군림해 왔다. 실제로 이런 유형의 인물들이 여론을 주도하고 또 생명력이 길었다. 그런데 엄격한 의미에서 이들의 '균형'은 양시양비론, '객관'은 지배층의 논리, '온건'은 보신주의의 다른 표현에 속하는 경우가 많았다. 이와는 달리 비판적 지식인, 저항하는 지식인은 희생양이 되거나 설 땅을 잃었다. 일제강점기와 군사독재시대, '이명박근혜' 정권기 지식인의 두 유형을 대비하면 금방 알 수 있다.

현민 선생의 평전을 쓰면서 안타까웠던 것은, 그토록 우수한 두뇌의 소유자, 동서양을 넘나드는 박식한 지식인으로서 왜 좀 더 치열한 역사의식을 갖추지 못했을까 하는 점이다. 이유는 많을 것이다. 엄혹했던 시대적 상황, 내향적인 성격, 법학이라는 학문적 한계 등이 꼽힌다. 그럼에도 불구하고 이런 한계상황을 극복하지 못한 역사성과 사회의식에 안타까움이 밴다.

지식(인)은 산 사이를 뚫고 나가는 길과 같은 것이지 그 산마루를 넘어서 지나가는 길은 아니다.

— 슈바이처, 『나의 생애와 사상』

'집단지성'과 '인공지능'의 시대에 지식인(지성인)의 개념이 옛날과 같을 수는 없다. 하지만 아직은 '지식인의 존재'가 아무나 하기 어려운 위치임은 어김없다.

모든 사람이 지식인들이며, 그렇기 때문에 누구나 말할 수 있다. 그러나 모든 사람이 사회에서 지식인의 기능을 소유하는 것은 아니다.

— 안토니오 그람시, 『옥중수고』

진정한 지식인이란 인간의 의식을 형성하는 탁월한 재능과 도덕적 자질을 부여받은 아주 적은 무리의 철인哲人이다.

— 쥘리앵 방다, 『지식인의 배반』

우리는 지난 100년 동안 여러 유형의 '지식인'을 지켜보았다. 일례로 신채호·박은식·조소앙과, 최남선·이광수·이병도로 대치되는 인물형이다. 「조선혁명선언」을 쓴 지식인과 「민족개조론」의 지식인이 같은 '지식인'으로 묶일 수 없으며, '광주폭도론'을 쓴 한국 기자와 죽음을 무릅쓰고 광주현장을 취재 보도한 힌츠페터 기자가 같은 언론인일 수 없듯이 말이다. "도척盜跖(중국 춘추시대의 큰 도둑)이 행한 해독은 일시적이지만 도구盜丘(공자를 빙자한 도둑)가 남긴 재앙은 만대에 이른다"는 말이 있다. 사이비 지식인·학자·언론인의 해독을 지목한다.

우리나라는 일제 식민통치와 미군정 그리고 박정희·전두환·노태우 등의 무단 통치 시기를 제외하면 수백 년 동안 문민지배의 시대였다. 지식인, 곧 선비들이 지배하는 사회였다. 그래서 연암 박지원은 "천하의 공적인 말을 사론士論이라 말하며, 당세의 일류를 사류士流라 말하며, 천하의 의로운 목소리를 외치는 것을 사기士氣라 말하며, 선비가 죄 없이 죽는 것을 사화士禍라 말하며, 학문을 강론하고 도의를 논하는 곳을 사림士林이라 말한다."고 하였다.

선비 중에서도 썩은 선비, 권세나 부를 탐하는 사이비들도 적지 않았지만, 적어도 '사림'에 드는 선비들은 올곧게 살았고 그것이 사회의 기풍이 되었다.

매천 황현 선생이 일제의 한국병탄 소식을 듣고 순절에 앞서 쓴 절명시 한 대목, "지식인이 되기 참 어렵구나難作人間識字人." 라는 말이 생각난다.

홍운탁월烘雲托月, 달을 그리려는데 달을 그릴 수 없음에 구름을 그렸다는 말처럼, 과실도 있었지만 공적도 많았던 전천후 지식인 현민의 생애를 그리면서 본바탕은 접근하지 못하고 외피만 돌았다면 그것은 순전히 필자의 역량부족 때문이다.

주

여는 말

1   정태욱, 「지식인의 행로-유진오의 삶과 뜻」, 『녹색평론』, 2015년 7~8월호, 49쪽.

2   『신한국문학전집』 5, 24쪽, 어문각, 1976.

1장 출생과 가계

1   유진오, 「나의 가정환경」, 『젊음이 깃칠 때』, 66쪽, 휘문출판사, 1978.

2   위의 책, 66~67쪽.

3   위의 책, 67쪽.

4   최종고, 『한국법사상사』, 241~242쪽, 서울대학교출판부, 1989.

5   위의 책, 242~243쪽.

6   유진오, 앞의 책, 68쪽.

7   위의 책, 24쪽.

8   위의 책, 24쪽.

9   위의 책, 34쪽.

10   위의 책, 35쪽.

11   위의 책, 189쪽.

12   위의 책, 191쪽.

2장 경성제국대학 시절

1   유진오, 『젊음이 깃칠 때』, 59쪽, 휘문출판사, 1978.

2   위와 같음.

3   유진오, 『구름위의 만상』, 269쪽, 일조각, 1975.

4   위의 책, 269~270쪽.

5   유진오, 『젊음이 깃칠 때』, 92쪽.

6   위의 책, 94쪽.

7   강만길·성대경 엮음, 『한국사회주의운동 인명사전』, 498쪽, 창작과비평사, 1996.

8   유진오, 『젊음이 깃칠 때』, 94쪽.

9   유진오, 『구름 위의 만상』, 271~272쪽.

10   유진오, 『젊음이 깃칠 때』, 105쪽.

11   위의 책, 105쪽.

12   위의 책, 106쪽.

13   위의 책, 107쪽.

14   정태욱, 「지식인의 행로-유진오의 삶과 뜻」, 『녹색평론』, 2015년 7~8월호, 38쪽.

3장 문학청년 시절

1   유진오, 「후기」, 단편전집 『창랑정기』, 정음사, 1973.

2   이선영, 「상황과 지식인」, 『상황의 문학』, 79쪽, 민음사, 1976.

3   유진오, 『구름 위의 만상』, 272~273쪽, 일조각, 1975.

4   유진오, 『젊음이 깃칠 때』, 130쪽, 휘문출판사, 1978.

5   이선영, 앞의 책, 80쪽.

6   『신한국문학 전집』 5, 234쪽, 어문각, 1976.

7   윤병로, 「유진오의 시대감각과 '김강사와 T교수'」, 『한국근대작가·작품연구』, 234
     쪽, 성균관대학교출판부, 1988.

8   유진오, 『창랑정기』, 22쪽.

9   김윤식, 『한국 근대문학 사상연구』 2, 14~15쪽, 아시아문화사, 1994.

10   정태욱, 「지식인의 행로-유진오의 삶과 뜻」, 『녹색평론』, 2015년 7~8월호, 39쪽.

11   유진오, 「나의 아호 유래」, 『고대신문』, 1956년 2월 3일치.

12   위와 같음.

13   위와 같음.

4장 보성전문학교 교수 시절의 친일행위

1   유진오, 『양호기(養虎記)』, 5쪽, 고려대학교출판부, 1977.

2   유진오, 『구름 위의 만상』, 285~286쪽, 일조각, 1975.

3   친일인명사전 편찬위원회, 「유진오」, 『친일인명사전』 2, 622쪽, 2009.

4   위와 같음.

5   위의 책, 623쪽.

6   유진오, 『양호기』, 86~87쪽.

7   친일인명사전 편찬위원회, 앞의 책, 623~624쪽.

8   『매일신보』, 1943년 11월 18일치.

9   임종국 지음, 이건제 교주, 『친일문학론』, 308~310쪽, 민족문제연구소, 2013. (재
     인용)

10   김규동·김병걸 편, 『친일문학작품선집』 2, 71쪽, 실천문학사, 1986.

11   위의 책, 44~48쪽. (발췌)

12   임헌영 편, 『문학논쟁집』, 284~288쪽, 태극출판사, 1980(중판).

13   유진오, 『양호기』, 125쪽.

5장 해방공간의 활동

1   김삼웅, 『단재 신채호 평전』, 335~336쪽, 시대의창, 2005.

2   친일인명사전 편찬위원회, 「유진오」, 『친일인명사전』 2, 626쪽, 2009.

3   「문인이요 학자요 정치인-현민 유진오」, 『내가 겪은 20세기』, 203쪽, 경향신문사,
     1974.

4   유진오, 『헌법기초회고록』, 11~12쪽, 일조각, 1980.

5   정태욱, 「지식인의 행로-유진오의 삶과 뜻」, 『녹색평론』, 2015년 7~8월호, 43쪽.

6   심지연, 『한국민주당연구 2-한국현대정당론』, 57~58쪽, 창작과비평사, 1984. (발췌)

7   정태욱, 앞의 책, 44쪽.

6장 각계로부터 제헌헌법 초안 의뢰 받아

1   이수일, 「유진오와 최용달」, 『남과 북을 만든 라이벌』, 137~138쪽, 역사비평사,
     2008.

2   서희경, 『대한민국 헌법의 탄생』, 161~162쪽, 창비, 2012.

3   위의 책, 164쪽.

4   위의 책, 174쪽.

5   위와 같음.

6   유진오, 『헌법기초회고록』, 8~9쪽, 일조각, 1980.

7   위의 책, 13~14쪽.

8   위의 책, 14쪽.

9   위의 책, 19~20쪽.

10   위의 책, 28쪽.

11   위의 책, 35쪽.

12   위의 책, 22쪽.

13   위의 책, 24쪽.

14   김진배, 『두 얼굴의 헌법』, 32~33쪽, 폴리티쿠스, 2013.

15   유진오, 앞의 책, 48쪽.

16   위의 책, 49쪽.

7장 제헌헌법에 담긴 민주공화주의

1   유진오, 『헌법기초회고록』, 52쪽, 일조각, 1980.

2   위의 책, 62쪽.

3   위의 책, 64쪽.

4   위의 책, 74쪽.

5   유진오, 「개헌론 시비」, 헌법연구 제2집 『헌정의 이론과 실제』, 134쪽, 1954.

6   유진오, 『헌법기초회고록』, 82쪽, 일조각, 1980.

7   위의 책, 236~240쪽. (발췌)

8   박찬승, 『대한민국은 민주공화국이다』, 337쪽, 돌베개, 2013.

9   유진오, 『헌법기초회고록』, 93쪽.

10   위의 책, 101쪽.

11   위와 같음.

12   위의 책, 93~105쪽. (인용·참고·발췌)

13   김삼웅, 「1948년 8월 15일 '역사현장'에선」, 『한겨레』, 2015년, 12월 22일치. (발췌)

14   유진오, 『신고 헌법해의』, 45쪽, 일조각, 1952.

15 서희경, 『대한민국 헌법의 탄생』, 416쪽, 창비, 2012.

16 이수일, 「유진오와 최용달」, 『남과 북을 만든 라이벌』, 141쪽, 역사비평사, 2008.

17 심재우, 「유진오, 대한민국 헌법의 기초를 닦다」, 『한국사 시민강좌』 43집, 177쪽, 일조각, 2008.

18 위와 같음.

19 유진오, 「법제처 창설 전후」, 『법제월보』, 1958년 1월호.

8장 대학경영자의 1950년대

1 유진오, 『양호기』, 235~236쪽, 고려대학교출판부, 1977.

2 위의 책, 252~253쪽.

3 유진오, 앞의 책, 282쪽.

4 『동아일보』, 1954년 11월 30일치.

5 김철수, 「유진오의 헌법초안에 나타난 국가형태와 정부형태」, 『한국사 시민강좌』 제17집, 114쪽, 일조각, 1995.

6 유진오, 앞의 책, 276쪽.

7 위의 책, 284~285쪽.

8 윤이상, 「고대 교가에 대하여」, 『고대신문』, 1955년 5월 30일치.

9 유진오, 앞의 책, 292쪽.

10 위의 책, 298~299쪽.

9장 4월혁명과 5·16쿠데타 시기

1 유진오, 『양호기』, 304쪽, 고려대학교출판부, 1977.

2 위와 같음.

3 위의 책, 306~307쪽.

4 『사상계』, 1960년 6월호, 58~62쪽. (발췌)

5 이영록, 『유진오-헌법 사상의 형성과 전개』, 301~302쪽, 한국학술정보, 2006.

6 「문인이요 학자요 정치인-현민 유진오」, 『내가 겪은 20세기』, 205쪽, 경향신문사, 1974.

7   유진오, 「국민운동의 기본이념」, 『민주정치에의 길』, 79쪽, 1963.

8   위의 책, 82쪽.

9   위의 책, 85~86쪽.

10   『최고회의보』 창간호, 1961.

11   「신동아 인터뷰: 유진오씨」, 『신동아』, 1966년 12월호.

12   이영록, 앞의 책, 302쪽.

10장 정계에 투신, 야당의 길

1   송우 편저, 『한국헌법개정사』, 199~200쪽, 집문당, 1980.

2   유진오, 「나의 소신을 지금도 반대」, 『신동아』, 1965년 1월호.

3   송우, 앞의 책, 202쪽.

4   유진오, 『구름 위의 만상』, 472~473쪽, 일조각, 1975.

5   『강령·정책-한국의 주요정당·사회단체』, 208쪽, 시인사, 1988.

6   위의 책, 209쪽.

7   최종고, 『위대한 법사상가들』 3, 125쪽, 학연사, 1985.

8   이영록, 『유진오-헌법 사상의 형성과 전개』, 317쪽, 한국학술정보, 2006.

9   『민주전선』 제15호, 1968년 8월 15일치.

11장 신민당 총재로서 3선개헌 반대투쟁

1   『민주전선』, 제31호, 1969년 5월 13일치.

2   정태욱, 「지식인의 행로-유진오의 삶과 뜻」, 『녹색평론』, 2015년 7~8월호, 46쪽.

3   『민주전선』, 제35호, 1969년 8월 15일치.

4   송우 편저, 『한국헌법개정사』, 245~246쪽, 집문당, 1980.

5   유진산, 정계회고록 『해 뜨는 지평선』, 339~340쪽, 한얼문고, 1972.

6   「문인이요 학자요 정치인-현민 유진오」, 『내가 겪은 20세기』, 206쪽, 경향신문사,
     1974.

12장 정계 은퇴 이후 유신시대

1   『창조』, 1972년 7월호.

2   위와 같음.

3   이영록, 『유진오-헌법 사상의 형성과 전개』, 321~322쪽, 한국학술정보, 2006.

4   유진오, 『미래로 향한 창』, 60~61쪽, 일조각, 1978.

5   이영록, 앞의 책, 323쪽.

6   정태욱, 「지식인의 행로-유진오의 삶과 뜻」, 『녹색평론』, 2015년 7~8월호, 48쪽.

7   유진오, 『구름 위의 만상』, 479쪽, 일조각, 1975.

8   위의 책, 296쪽.

9   위의 책, 298~299쪽.

10 이영록, 『유진오-헌법 사상의 형성과 전개』, 325쪽, 한국학술정보, 2006. (재인용)

11 월간 『대화』, 1976년 12월호.

12 위의 책, 44~45쪽.

13 월간 『중앙』, 1972년 2월호.

14 위와 같음.

15 위와 같음.

13장 은둔기와 사망

1   월간 『조선』, 1980년 4월호.

2   『신동아』, 1981년 4월호.

3   이문영, 『겁 많은 자의 용기』, 474~475쪽, 삼인, 2008.

4   김민철, 「유진오」, 『청산하지 못한 역사』 3, 46쪽, 청년사, 1994.

5   이영록, 『유진오-헌법 사상의 형성과 전개』, 357~358쪽, 한국학술정보, 2006.